Klaus-Peter Hufer

ARGUMENTATIONS-
TRAINING GEGEN
STAMMTISCHPAROLEN

Klaus-Peter Hufer

ARGUMENTATIONS-TRAINING GEGEN STAMMTISCH-PAROLEN

**Materialien und
Anleitungen
für Bildungsarbeit
und Selbstlernen**

WOCHEN
SCHAU
VERLAG

Bibliografische Information der Deutschen Bibliothek

Die Deutsche Bibliothek verzeichnet diese Publikation in der Deutschen Nationalbibliografie; detaillierte bibliografische Daten sind im Internet über http://dnb.ddb.de abrufbar.

www.wochenschau-verlag.de

Sie wollen mehr Informationen zu unseren Büchern? Zu jedem Titel finden Sie Autorenangaben, Inhaltsverzeichnis, Übersichtstexte im Internet. Sie wollen sich zu einem bestimmten Sachgebiet informieren? Klicken Sie auf die Themenstichwörter: So erhalten Sie einen guten Überblick. Wollen Sie alle Veröffentlichungen eines bestimmten Autors finden? Gehen Sie in die Autorenauskunft. Wollen Sie sich über einen Arbeitsbereich informieren? Nutzen Sie unsere Spezialkataloge. Alle Titel können Sie einfach im Shop gegen Rechnung bestellen.

Lektorat: Redaktion Wochenschau
Umschlag und grafische Gestaltung: Klaus Ohl, Wiesbaden

Die Abbildungen auf den Seiten 10, 18, 24, 30, 42, 49, 52, 63, 83 stammen aus einer Karikatur von Clodwig Poth, in der er sich mit der Angst vor Überfremdung satirisch auseinander setzt.

Gedruckt auf chlorfreiem Papier
Druck und Bindung: Oldenbourg Taschenbuch
ISBN 3-87920-054-8

Inhalt

1. Worum es geht

Wer kennt sie nicht, die Situation – beim Familienfest beispielsweise? Den ganzen Tag über war alles friedlich, man schwelgte in gemeinsamen Erinnerungen, alberte herum, die Stimmung war gut. Doch dann am Abend, als die Feier schon fortgeschritten war, wurde es heftig. Onkel Albert wütete wegen der seiner Meinung nach „viel zu lauen Strafordnung", kritisierte „die Fernseher und den Teppichboden im Gefängnis" und forderte lauthals die Todesstrafe: ausgerechnet Onkel Albert, ansonsten die Liebenswürdigkeit in Person. Der Familienfrieden ist von nun an dahin. Gerade noch erreicht man den Abschluss der Feierlichkeit, ohne dass es zum Eklat kommt. Danach aber, zu Hause, allein, kommen die Überlegungen: Warum schmerzt es, wenn Onkel Albert so heftig wird? Hätte man nicht doch etwas deutlicher dagegen setzen müssen? Hätte man es überhaupt gekonnt?

Oder das Gespräch am Gartenzaun, das zunächst so dahinplätschert, doch dann lauter wird, wenn es auf einmal um Politik geht und plötzlich vom immer freundlichen Nachbarn starke Sprüche zu vernehmen sind? Das Gerede an der Ladenkasse, wenn Ausländer „zu viel" einkaufen? Oder die Bäckersfrau, die an der Theke über die mangelnde Bereitschaft von Jugendlichen schimpft, noch „richtig" arbeiten zu wollen? Das Fußballspiel, wenn über die „Bimbos" der gegnerischen Mannschaft hergezogen wird? Die Schulklasse, in der allgemeiner Frust zur Sprache kommt und von den Meinungsführern „die Ausländer" als die Schuldigen für die Ausbildungsplatzmisere erklärt werden? Und natürlich der Stammtisch, wenn schwadroniert, räsoniert und politisiert wird, die Stimmen lauter, die Meinungen heftiger vorgetragen und die Aussagen schärfer werden?

Warum hat man nicht interveniert? Aber hätte man da eine Chance gehabt?

Das „Argumentationstraining gegen Stammtischparolen" will helfen, in Zukunft solche Situationen besser zu bewältigen. Es will zu beherztem Verhalten verhelfen und Hilfen geben für sinnvolles Argumentieren. Es will aber auch die Grenzen eines verbalen Engagements aufzeigen. Es will ganz praktisch Handlungsformen und -wege sowie angemessene Argumentationsstrategien in schwierigen Situationen aufzeigen. Darüber hinaus gibt es auch Materialien an die Hand, um die hinter den Parolen und Sprüchen liegenden psychologischen, sozialpsychologischen, soziologischen und politischen Motive und Faktoren besser verstehen zu können.

Aber etwas verstehen zu können heißt nicht, es auch zu entschuldigen. Vielmehr soll ermuntert werden, Partei zu ergreifen, und zwar *für*

■ Menschenrechte,

■ Toleranz,

■ Gewaltfreiheit,

■ eine zivile politische Kultur,

sowie *gegen*

■ Diskriminierung,

■ Verachtung Andersdenkender und Andersaussehender,

■ Rassismus,

■ ein Klima von Bedrohung und Gewalt,

■ Rechtsextremismus.

1.1 Zum Gebrauch dieses Buches

Dem „Argumentationstraining gegen Stammtischparolen" liegen Erfahrungen aus etlichen Seminaren dieser Art in verschiedenen Einrichtungen der Erwachsenenbildung zugrunde. Durchgeführt wurden diese Veranstaltungen in mehreren Bundesländern, in Großstädten wie im ländlichen Bereich. Sie waren teilweise offen ausgeschrieben und damit für jedermann zugänglich, teilweise wurden sie speziell für besondere Zielgruppen (Lehrer und Lehrerinnen, Sozialarbeiter und Sozialarbeiterinnen, Dozenten und Dozentinnen von Zivildienstschulen, Mitarbeiterinnen und Mitarbeiter in antirassistischen Projekten) angeboten. Immer hatten diese Angebote den Titel: „Argumentationstraining gegen Stammtischparolen".

Das vorliegende Buch ist gedacht für alle, die nicht mehr passiv dabeisitzen und zuhören wollen, wenn dumpfe und martialische Parolen verkündet werden. Es richtet sich sowohl an Moderatoren/Moderatorinnen von Gruppen in Einrichtungen der Erwachsenenbildung und Jugendbildung als auch an Mitglieder selbstorganisierter Initiativen. Der Text kann auch gelesen werden von „Autodidakten", Menschen also, die für sich selbst Hintergrund und Handlungswissen erarbeiten möchten.

Im Folgenden werden anhand des möglichen Verlaufs eines Argumentationstrainings gegen Stammtischparolen die jeweiligen Lernschritte und die Hintergründe vorgestellt. Dazu werden weiterführende und vertiefende Texte angeboten:

I = Informationen, die für den Moderator/die Moderatorin eines Argumentationstrainings als weiterführendes und/oder vertiefendes Angebot gedacht sind. Diese Texte sind sprachlich mitunter verdichtet, so dass sie sich nicht immer für den Einsatz in einer Lerngruppe eignen. Bedarfsweise können sie aber auch Grundlage eines Gruppengesprächs sein. Selbstlernern (Autodidakten) sei die Lektüre der mit „I" markierten Stellen in den mit „A" gekennzeichneten Kapiteln ausdrücklich empfohlen.

M = Materialien, die an der betreffenden Stelle als Kopien in die Gruppe eingebracht werden können, um das Gespäch anzuregen und/oder eine gemeinsame Basis an Wissen zu vermitteln. Diese Textstellen sollten auch von Selbstlernern gelesen werden.

Ü = Übung; hier wird ein Interaktions- und/oder Kommunikationsspiel durchgeführt, um entweder „Bewegung" in die Gruppe zu bringen, die Situation aufzulockern oder einen Wechsel der Aktivitäten herbeizuführen.

A = Autodidakten, Leserinnen und Leser, die nicht an einem Gruppentraining teilnehmen, sich gleichwohl fit machen wollen für eine bessere Gesprächssituation, erhalten hier Hinweise zum Selbstlernen und Selbstüben. Bei den mit „A" gekennzeichneten Übungen wird die direkte Anrede gewählt. Wer sich im Selbsttraining bessere argumentative Fähigkeiten aneignen und etwas über die Hintergründe und Umstände von Stammtischparolen erfahren möchte, der achte vor allem auf das (**A**) hinter den Kapitelüberschriften. Diese Abschnitte sind, obwohl sie sich am Gruppenverlauf orientieren, auch für Eigenlektüre und Selbststudium geeignet.

Der gesamte vorliegende Text sollte als Angebot verstanden werden. Er kann auch als „Steinbruch" dienen, um je nach Länge des Trainings Sequenzen auszuwählen; nach eigenem Gusto kann der Seminarinhalt und -verlauf ergänzt und erweitert werden.

Der Band kann also auf verschiedene Weise genutzt werden: einmal als Orientierungs- und Leitfaden für Seminarleiter und -leiterinnen, zum anderen auch als persönliche Animation und Information für jeden und jede, der/die sich mit Vorurteilen, Diskriminierungen, Rassismus und Rechtsextremismus auseinander setzen und gegen diese engagieren will.

1.2 Was ist ein Argumentationstraining?

Ein Argumentationstraining ist eine Art Werkstatt, ein Labor, eine offene Lernsituation. Das Lernen geschieht hier nicht durch Belehrung, sondern durch das gemeinsame Üben und die spielerische Auseinandersetzung der Beteiligten mit der Realität. Hier bekommt man auch – aber keineswegs nur – Wissen geliefert, vorrangig aber erfährt man Neues durch das Ausprobieren und gemeinsame Nachdenken. Der Prozess bestimmt den Lernweg und das -ergebnis, und an diesem Prozess sind alle beteiligt. Autodidakten/Selbstlernern wird empfohlen, sich in die Situation einer Gruppe hineinzuversetzen.

Beim Argumentationstraining werden politische Erklärungen, Argumente, Schlagwörter und Parolen auf

ihre emotionale Basis und Wirkung und sachliche Angemessenheit hin überprüft und eventuelle Gegenstrategien erprobt. Die Teilnehmer und Teilnehmerinnen haben Gelegenheit, gemeinsam mit anderen ihre politischen Deutungen auszutauschen, vielfach gehörte politische Erklärungsmuster diskursiv zu erörtern und auf ihre Plausibilität oder aber Fragwürdigkeit hin zu bedenken. In der Erwachsenenbildung ist ein Motiv, an einem Argumentationstraining teilzunehmen, die Ohnmacht und Überforderung angesichts einer zunehmenden Informationsfülle einerseits und grober Vereinfachungen andererseits. Im Rollenspiel werden erlebte Argumenta-

tionsnöte simuliert, dann die betreffenden Politik-
themen inhaltlich erarbeitet und ihre u.U. populisti-
schen (= sich den Massen anbiedernden) Verein-
nahmungen mit Hilfe sozialpsychologischer Erkenntnisse erklärt. Das Ziel ist, den Teilnehmenden zu
Selbstsicherheit bei der Konfrontation mit aggressiven
und entsprechend vorgetragenen Parolen zu verhelfen.
Inhaltlich ist das Argumentationstraining zwischen
politischer Psychologie, Rhetorik, Selbsterfahrung und
politischer Grundinformation angesiedelt. Der geeig-
nete Zeitrahmen ist ein Mehrtages- oder Wochenend-
seminar. Die Teilnehmenden verhandeln weitgehend
autonom; die Leiter und Leiterinnen beschränken sich
auf die Rolle als Impulse gebende Moderatoren, die
gleichwohl sachlich gut vorbereitet sein müssen, um
aufkommendem Informationsbedarf zu entsprechen.
Das Training will einen Beitrag dazu leisten, die
Diskursfähigkeit (I 1) Einzelner wie auch der Gesellschaft insgesamt zu erhöhen.

Diskurs

„Im ursprünglichen Wortsinn wurzelt der *Begriff* Diskurs
im lateinischen Verb discurrere: auseinander laufen, sich
zerstreuen; im alltäglichen vortheoretischen Gebrauch ist
er etwa gleichbedeutend mit Rede, Diskussion und Gespräch.

Seit Anfang der 70er-Jahre hat dieser Begriff eine vielfäl-
tige Verwendung in den Human- und Gesellschaftswis-
senschaften erfahren und wurde zu einem theoretischen
Schlüsselbegriff des Gesellschaftsverständnisses. Er steht
für die Verabschiedung aller Erwartungshaltungen an so-
zialtechnologische Entwürfe und metaphysische oder ge-
schichtsphilosophische Letztbegründungen gesellschaftlicher Gegenwart und Zukunft. (…)

Besonders einflussreich und international erfolgreich ist
(…) die vor allem von *Jürgen Habermas* vorgenommene
kommunikationstheoretische Ausformulierung des Dis-
kurs- und Vernunftbegriffs, die auch unter dem Begriff der

Diskursethik abgehandelt wird. Indem Habermas die Grundregeln des Diskurses, dem es um die Klärung von grundsätzlich wichtigen normativen und empirischen Fragen sowie um individuelle Wahrhaftigkeiten geht, in der Situation des kommunikativen Handelns pragmatisch von allen Beteiligten anerkannt sieht, glaubt er, ein universelles gesellschaftliches Minimum an Vernunft, ein wenn auch äußerst reduziertes, aber doch immer noch einigendes Band der Gesellschaft (,die Einheit der Vernunft in der Vielfalt ihrer Stimmen') feststellen zu können."

(Paul Ciupke: Diskurs, in: Hufer, Klaus-Peter [Hrsg.]: Außerschulische Jugend- und Erwachsenenbildung, [Bd. 2 des Lexikons der politischen Bildung, hrsg. von Georg Weißeno], Schwalbach/Ts. 1999, S. 50f)

1.3 Was ist mit „Stammtisch" gemeint?(A)

Nicht jeder Stammtisch ist einem Hort finstersten und reaktionärsten Flach- und Stumpfsinns gleichzusetzen. Natürlich gibt es auch bei Wein und Bier kultivierte Gespräche. Und jede/jeder hat wohl schon die Situation erlebt, wenn – von Alkohol und Gruppengefühl beflügelt – die Gedanken ihren freien Lauf nahmen und in „Utopia", der besten aller Gesellschaften, landeten. Und keineswegs soll die Stammtischparole umgedreht und dadurch eine neue in Umlauf gebracht werden, indem das Klischee des „Stammtisches" zur allgemein gültigen Realität erklärt wird.

Aber „Stammtischparolen" sind dennoch markant und bekannt. Jeder weiß, was damit gemeint sein kann: platte Sprüche, aggressive Rechthaberei, kategorisches Entweder-Oder, dezidierte Selbstgerechtigkeit. Dafür soll die „Stammtischparole" als eine Chiffre, ein Kennzeichen, ein Stellvertreterbegriff, ein Synonym stehen.

2. Wie bereitet man ein Argumentations-training vor?*

2.1 Erste Überlegungen

Ein Argumentationstraining gegen Stammtischparolen sollte mit folgenden Fragen gedanklich vorbereitet werden:

■ Wo findet es statt? Es ist mitzubedenken, ob die veranstaltende Institution/Organisation einen bildungs-politischen Auftrag oder ob sie ein bestimmtes weltan-schauliches Profil hat. Bei dieser Frage zeichnet sich bereits ab, wer kommen würde und wieweit das partei-liche Engagement der Teilnehmenden gehen wird. Denn es ist ein Unterschied, ob das Training beispiels-weise von einer Volkshochschule oder von einer anti-rassistischen Initiative angeboten und durchgeführt wird. Auch regionale Besonderheiten sollten bereits vorher bedacht werden. Ein Training, das in einer großstädtischen VHS des Ruhrgebiets veranstaltet wird, bringt andere Fragen und Themen mit sich, als wenn es in einer freien Bildungseinrichtung in einem kleinen Dorf im Land Brandenburg stattfindet. Und wieder völlig anders verläuft das Training, wenn in einer Akademie am Starnberger See bayerische Lehrer und Lehrerinnen teilnehmen. Wiederum einen anderen Auftrag und Verlauf erhält ein Training, wenn es für die Belegschaft eines Betriebes mit der Erwartung einge-richtet wird, vorhandene interkulturelle Spannungen zu mildern.

■ Welche Teilnehmer und Teilnehmerinnen werden wahrscheinlich kommen? Prinzipiell gibt es zwei Mög-

*Selbstlerner können dieses Kapitel überschlagen.

lichkeiten, Adressaten und Adressatinnen anzusprechen: Entweder man schreibt das Seminar offen aus,
oder man spricht bestimmte Zielgruppen (Lehrende,
Sozialarbeiter und Sozialarbeiterinnen) an. Im ersten
Fall kann die bunte Zusammensetzung der Teilnehmenden den Ablauf des Trainings positiv beeinflussen,
aber es ist auch mit der bekannten Heterogenität zu
rechnen: Artikulationsgewohnte kommen ebenso wie
Artikulationsgehemmte, gut Informierte sitzen neben
kaum Informierten, an einer eindeutigen Politisierung
Interessierte nehmen teil zusammen mit Menschen, die
„nur" sicherer auftreten oder ihre Redefähigkeit verbessern wollen etc. Im zweiten Fall, also wenn Angehörige spezieller Zielgruppen erscheinen, kann das
professionelle Wissen unerwartete Spezialthemen und
sachliche Anfragen mit sich bringen, es kann die Tendenz mitspielen, nur das Training als Methode kennen
zu lernen, also als Instrument zu verstehen, um es in
der eigenen Arbeitssituation einsetzen zu können.

■ Wie viel Zeit steht zur Verfügung? Auf jeden Fall ist
davon abzuraten, ein Argumentationstraining in Kurs-
form – etwa an fünf, sechs oder sieben Abenden,
jeweils anderthalb Stunden lang – anzubieten. Ein Argumentationstraining lebt von den sich entwickelnden
Gruppenprozessen und den informellen Begegnungen

Zeichnung „Der Fremde": Hans-Georg Rauch

am Rande. Ein ganzer Tag sollte daher zur Verfügung stehen, anderthalb Tage wären besser, zwei Tage ideal, drei bis fünf sind auch gut möglich; das Argumentationstraining ist daher auch als Bildungsurlaubsveranstaltung geeignet. (Die hier vorliegende Verlaufsbeschreibung und Materialiensammlung reicht aus für ein einwöchiges Seminar; bei kürzeren Versionen müssen Streichungen und Straffungen vorgenommen bzw. Schwerpunkte gebildet werden.)

■ Wie sind die Räumlichkeiten beschaffen? Zur Verfügung stehen sollte mindestens ein großer Raum, der ausreichend Platz bietet, die Stühle zu verstellen, Plakate (mindestens 10, mitunter auch 20) aufzuhängen, sich zu bewegen und Arbeitsgruppen zu bilden, die parallel tätig werden können, ohne sich zu stören. (Besser wäre es, wenn auch ein oder zwei kleinere Nebenräume zur Verfügung stünden.)

2.2 Werbung

Erfahrungsgemäß ist die Aufmerksamkeit recht groß, wenn ein Argumentationstraining gegen Stammtischparolen angeboten wird. Aber dennoch müssen vielerlei Hemmungen und auch Ängste überwunden werden, um eine ausreichende Teilnehmerzahl zusammen zu bekommen. Wichtig ist es, neben denjenigen, die sich sowieso für politische Bildungsveranstaltungen interessieren, diejenigen anzusprechen, die sonst auch an Rhetorikveranstaltungen oder Seminaren aus dem Bereich der Psychologie (Selbsterfahrung, Kommunikationstraining etc.) teilnehmen.

Die Werbeträger: Programmhefte (I 2), Pressemeldungen (I 3), Handzettel in bereits laufenden Kursen und Seminaren (vor allem aus dem Bereich Rhetorik und Psychologie) sowie – wenn möglich – ein Interview im lokalen Rundfunk (dieses hat sich bisher stets als besonders zugkräftig erwiesen).

2   Ausschreibungstext/ Veranstaltungshinweis

„Die da oben machen doch, was sie wollen", „Wir haben viel zu laue Strafgesetze", „In einer Krisenzeit funktioniert eine Diktatur immer besser als eine Demokratie", „Wenn Hitler den Krieg nicht geführt hätte, wäre der National-sozialismus gar nicht so schlimm gewesen". Wer kennt sie nicht, die Sprüche und Parolen, die vorzugsweise an Stammtischen geäußert werden? Doch was ist ihnen ent-gegenzusetzen? Wieso fallen uns die besten Argumente meistens erst hinterher ein? In diesem Seminar werden Gegenpositionen zu Stammtischparolen gesucht und dis-kutiert. Dabei werden nicht nur politische Informationen vermittelt, sondern es wird auch die Redefähigkeit und -gewandtheit geübt sowie die Selbstsicherheit gestärkt.

3   Pressemeldung

Keine Angst vor platten politischen Parolen und dem läh-menden Gefühl, diesen hoffnungslos unterlegen zu sein! Das ist das Motto eines Seminars, das als ein „Argumen-tationstraining gegen Stammtischparolen" zu Sicherheit bei den Gegenpositionen und Standhaftigkeit, diese zu vertreten, verhelfen will.

Bei dieser Veranstaltung sollen Informationen gegen Schlagworte gesetzt werden. Und es soll geübt werden, eine Position mit starken Argumenten zu vertreten. Dabei soll auch die Redefähigkeit verbessert werden.

Wer also weiß, dass die vorzugsweise an Biertischen (aber nicht nur dort) geäußerten Parolen wie „Die da oben machen doch, was sie wollen", „Die Ausländer neh-men uns nur die Arbeitsplätze weg" etc. zwar falsch sind, aber gleichzeitig erfahren hat, wie schwer sie spontan zu widerlegen sind, der hat in diesem Seminar eine Gele-genheit, bessere Argumentationsstrategien und -inhalte zu erlernen. Darüber hinaus will die Veranstaltung auch Mut machen, die eigene Meinung gegen Widerstände zu vertreten.

2.3 Teilnehmerzahl

Die Teilnehmerzahl für ein gut laufendes Argumentationstraining bewegt sich zwischen 12 und 20 Personen. Zu bedenken ist, dass immer solche dabei sind, die sich (legitimerweise) eher rezeptiv verhalten und daher an den Spielsequenzen nicht teilnehmen wollen. Bei nur wenigen Teilnehmenden können die ansonsten gerne durchgeführten Spiele zu Ermüdungen führen. Es muss möglich sein, auch bei mehreren Spielen hintereinander lediglich als Beobachter mitzuwirken.

2.4 Was braucht man?

Neben dem ausreichend großen Raum sind unbedingt nötig:

- Flipchart mit genügend Papier
  (sicherheitshalber mindestens 20 Blatt),

- Pinnwände oder Raumwände, um das Papier anzubringen,

- Filzstifte (dreifarbig),

- Klebestreifen,

- Kassettenrecorder mit Zählwerk, Kassetten,

- Verlängerungskabel,

- Fotokopiergerät (um bedarfsweise Arbeitsblätter zu vervielfältigen; besser ist es jedoch, diese bereits kopiert bereit zu halten).

3. Seminarbeginn

Wenn die Teilnehmenden erscheinen, sollten sie von dem Moderator/der Moderatorin persönlich begrüßt werden. Denn es ist bekannt, dass bei Beginn von Erwachsenenbildungsveranstaltungen Ängste oder Unbehagen immer verbreitet sind. Alte Missempfindungen aus der Schulzeit kommen hoch, eine fremde, unklare Situation ist auf einmal da, die Teilnehmenden mustern einander (unauffällig), es wird Ausschau gehalten, wer sympathisch wirkt.

Eine besondere Aufmerksamkeit geniesst der Seminarleiter/die Seminarleiterin. Dieser Mensch ist immer auch ein Projektionsobjekt: Lehrer, Eltern, Vorgesetzte … ungewollt und unbewusst verkörpert er/sie auch andere – nicht immer nur positiv erlebte – Personen aus früheren Zeiten oder der Gegenwart.

Jeder Seminarbeginn hat für diejenigen, die daran teilnehmen, den Charakter einer Bewährungsprobe, einer Prüfungssituation. Da Lernen immer auch mit Leistung verbunden und es nicht einzuschätzen ist, wie diese in dem beginnenden Training aussehen wird und erbracht werden muss, ist die Stimmung eher verhalten, leicht angespannt. Die Einzelnen sind unterschiedlich nervös, aber sie wollen es nicht zeigen. In berufshomogenen Zielgruppen kann diese Anfangssituation durch gegenseitige Begrüßungen (man kennt sich ja mehr oder weniger) und durch die ersten Fachgespräche überbrückt werden.

Also: Es gibt gute Gründe, auf jede/jeden zuzugehen, sich als Leiter/Leiterin des Seminars vorzustellen und ein erstes, kleines Gespräch zu führen.

Da die Teilnehmenden sich im weiteren Verlauf ihrer gemeinsamen Arbeit auch untereinander ansprechen werden, sollten sie entweder Namensschilder erhalten (diese können vorher vorbereitet werden) oder auf Tesakrepp-Streifen selbst ihre Namen aufschreiben und diese dann gut sichtbar an der Kleidung befestigen.

3.1 Vorstellungsrunde

Nachdem alle im bereits vor Veranstaltungsbeginn aufgestellten Stuhlkreis Platz genommen haben, eröffnet der Moderator/die Moderatorin die Sitzung und stellt sich vor, und zwar bezüglich a) der eigenen Person und b) der Gründe, warum er/sie dieses Seminar durchführt. (Hier kann Bezug genommen werden auf den allen bekannten Ausschreibungstext, es können aber auch aktuelle Tagesereignisse – etwa Übergriffe auf Ausländer – oder persönliche Erlebnisse genannt werden.)

Sicherlich ist es sinnvoll, gleich zu Beginn die formale Seite des Seminars zu klären (Gepflogenheiten des Hauses, Pausen, Küche, Tagungszeiten etc.).

Danach sollen die Teilnehmenden sich durch Partnerinterviews (I 4) gegenseitig bekannt machen, und zwar anhand der Antworten auf folgende Fragen:

- ■ Wer bin ich (Name, Alter, Wohnort, Beruf)?
- ■ Warum besuche ich diese Veranstaltung?
- ■ Warum und wo bin ich mit „Stammtischparolen" konfrontiert worden?
- ■ Was erwarte ich von der Teilnahme?

Partnerinterview

Aller Anfang ist bekanntermaßen schwer. Häufig wird in Bildungsveranstaltungen eingangs eine Vorstellungsrunde durchgeführt. D.h. einer beginnt, von sich und seinen

Teilnahmemotiven zu reden, dann kommt der/die Nächste dran. Dieses Verfahren hat Nachteile: Einige hören sich gerne reden und können dies ausgiebig und – im wahrsten Sinne des Wortes – erschöpfend tun, andere sind eher zurückhaltend und beschränken sich auf die allernötigsten Mitteilungen. Außerdem ist es meistens schwieriger über sich selbst als über jemand anders zu reden.

Daher ist das Partnerinterview/die Partnervorstellung eine bessere Alternative, um die üblicherweise schwierige Anfangssituation aufzulockern und das gemeinsame Gespräch in Gang zu bringen. Am einfachsten ist es, wenn sich jeder mit seinem *übernächsten* Partner zusammensetzt (der/die unmittelbar daneben Sitzende könnte ein Freund/eine Freundin oder Bekannter/Bekannte sein). Die so gebildeten Paare ziehen sich in eine Ecke des Raums zurück oder verlassen diesen für die Zeit ihres Gesprächs. Bei einer ungeraden Teilnehmerzahl wird der Moderator/die Moderatorin in die Interviews miteinbezogen. Die Partner stellen sich gegenseitig vor, d.h. jeder/jede sagt einiges über sich und seine Beweggründe (s. Fragen oben), an der Veranstaltung teilzunehmen, dann kommt der/die andere zum Zug. Jeder Zuhörende merkt sich entweder, was vom Partner gesagt wird oder macht sich Notizen.

Danach kommen alle wieder zusammen und reihum stellt jeder/jede seinen Partner vor. Der/die so Vorgestellte erhält Gelegenheit zu Ergänzungen und/oder Korrekturen. Kurze Nachfragen von den Übrigen sind möglich.

Die paarweise durchgeführten Partnerinterviews sollten ca. 10 Minuten dauern.

(Das Partnerinterview sowie andere „Methoden zur Erleichterung von Anfang und Einstieg" sind beschrieben in: Knoll, Jörg: Kurs- und Seminarmethoden. Ein Trainingsbuch zur Gestaltung von Kursen, Seminaren, Arbeits- und Gesprächskreisen, 3. Aufl., Weinheim u. Basel 1991, S. 79-93; 7. erw. Aufl. 1997)

Überlegen Sie, was Sie ärgert. Warum wollen Sie „bessere" Argumente vorbringen? Erinnern Sie sich an zurückliegende Gespräche und Auseinandersetzungen: Was hätten Sie anders machen sollen?

3.2 Motive, sich auf ein Argumentationstraining einzulassen

Gründe für die Teilnahme an einem Argumentationstraining gegen Stammtischparolen, die immer wieder genannt werden:

■ „Ich möchte mich besser informieren."

■ „Ich fühle mich in einigen Situationen zu dumm."

■ „Mir gehen bei einer politischen Diskussion oft die Gefühle durch, dadurch schade ich mir und meinem Standpunkt."

■ „Ich muss mich oft zurückhalten, weil sonst Streit da ist – aber muss ich das wirklich?"

■ „Ich möchte die Technik des Diskutierens lernen."

■ „Ich fühle mich nach solchen Diskussionen oft zerknirscht und zweifle völlig an mir."

■ „Ich habe Freunde, die sind z.B. für die Todesstrafe. Das finde ich ganz schlimm, aber ich mag meine Freunde trotzdem. Wie kann ich diesen Konflikt aushalten?"

■ „Ich möchte politisch aktiv werden."

■ „Ich möchte nicht nur tatenlos und sprachlos dabei sein, wenn schlimme Äußerungen kommen."

■ „Ich möchte lernen, verhärtete Fronten aufzulösen."

■ „Ich möchte meine Position so vertreten können, dass ich sie durchhalte, ohne andere dabei zu verletzen."

■ „Ich möchte mich engagieren gegen Rechtsextremismus und Ausländerfeindlichkeit."

Bei einem mit pädagogischen Fachleuten zusammengesetzten Seminar kommen noch spezifisch fachliche und methodische Erwartungen und Interessen hinzu. Beispielsweise wollen Politiklehrer ihren Unterricht spannender gestalten, Sozialarbeiter und -pädagogen in ihren Gruppen eine Meinungsführerschaft von rechten Jugendlichen verhindern.

Die Teilnehmeräußerungen zeigen, dass das Spektrum der Motive und Erwartungen groß ist: Neben dem Interesse an politischen Informationen stehen das Bedürfnis nach Selbstsicherheit und emotionaler Kontrolle, der Wunsch, Dissonanzen (= Unstimmigkeiten, auch Spannungen) aushalten zu können, die Frage, wie der eigene Standpunkt am geschicktesten vertreten werden kann, die Hoffnung, Einblicke in die Technik der Rhetorik zu bekommen, und die Vorstellung, „Rüstzeug" für ein politisches oder soziales Engagement zu erhalten.

Insgesamt sind drei große Motivbereiche festzustellen:

■ ein sachlich-informativer,

■ ein emotional-affektiver,

■ ein kommunikativ-strategischer.

Bei den an die Adresse von Fachleuten gerichteten Seminaren kommt noch

■ ein professionell-pädagogischer Motivbereich hinzu.

Aus diesen unterschiedlichen Motiven heraus können sich in der Gruppe Spannungen ergeben. Um mögliche Frustrationen aufzulösen, müssen heterogene Erwartungen integriert werden. Wer ein überwiegendes Rezeptionsinteresse hat, also in erster Linie Informationen oder Kenntnisse vermittelt bekommen möchte, wird sich mit Interaktions- und Rollenspielen zunächst einmal nur schwer anfreunden können. Diese wiederum sind für diejenigen wichtig, die ein situationsangemessenes Verhalten erlernen und ausprobieren möchten. Und wer vor allem an Kommunikationstechniken und -formen interessiert ist, der wird vielleicht Widerstand zeigen, wenn andere politische Inhalte kennen lernen und diskutieren möchten. Aber gerade diese sollen zur Sprache kommen, schließlich geht es ja um ein besseres und damit fundierteres politisches Argumentieren. Das setzt Kenntnis von Sachzusammenhängen voraus.

Es ist sinnvoll, diese Heterogenität der Erwartungen nach der Vorstellungsrunde anzusprechen. Das muss aber nicht zu weiter gehenden Problematisierungen führen, denn die wenigsten vertreten kategorisch ausschließlich nur ein Interesse, und viele entdecken den Reiz der anderen Möglichkeiten im Verlauf des Seminargeschehens.

3.3 Seminarleitung

Nach der Vorstellungsrunde ist es angezeigt, dass der Leiter/die Leiterin seine/ihre Rolle und Aufgabe darlegt. Wichtig ist hierbei zu verdeutlichen, dass

- es in diesem Seminar keine „Belehrung" gibt,
- Prozess und Inhalt ganz entscheidend von den Aktivitäten aller abhängig sind,
- die Gruppe die Ergebnisse erarbeitet, wobei diese offen und ungewiss sind,
- der Leiter/die Leiterin als „Begleiter", „Lotse", „Moderator" die Phasen des Seminarverlaufs (nicht aber die Ergebnisse der Arbeit!) steuert,
- gleichwohl auch weiterführende Informationen – etwa zum sozialpsychologischen Hintergrund und zu politischen, historischen und sozialen Fakten – bereitgehalten und bedarfsweise eingegeben werden.

5 Ermöglichungsdidaktik durch Moderation

Seit einiger Zeit wird in der außerschulischen politischen Bildungsarbeit Sinn, Wert und Legitimation einer „belehrenden" Didaktik angezweifelt. Lernen wird vielmehr als selbstbestimmtes und -gesteuertes Geschehen verstanden, bei dem die Lernenden aus dem angebotenen Stoff das übernehmen, was für sie wichtig und bedeutsam ist. Lernende sind wesentlich aktiver als in der traditionellen Pädagogik angenommen. „Erwachsene sind lernfähig, aber unbelehrbar" *(Horst Siebert)*. Diese lernpsychologisch gestützte Erkenntnis führte zu einer didaktischen Wende: weg von der „Belehrungsdidaktik" und hin zur „Ermöglichungsdidaktik" *(Horst Siebert)*.

Damit hat sich auch die Aufgabe und Rolle der Lehrenden gewandelt: Ihr Part ist es nicht mehr, im Unterricht „die Wirklichkeit abzubilden" (was ohnehin immer eine Illusion war), sondern die selbsttätige Lernleistung und Wissensaneignung der am Unterricht Beteiligten zu unterstützen und zu ermöglichen. „Lehren" bedeutet daher auch, produktive Lernsituationen zu arrangieren, Lernprozesse als Suchbewegungen zu verstehen und sie entsprechend zu moderieren.

Durch die Moderation wird eine Bildungsveranstaltung „gelenkt", indem die Verbindung sowohl zwischen den einzelnen Teilen als auch den verschiedenen Teilnehmenden hergestellt, das Verfahren erläutert, der

weitere Verlauf forciert, auf Konsens und Dissens aufmerksam gemacht und Informationen gegeben werden,
wie Sachfragen geklärt werden können.

(Literaturhinweis: Siebert, Horst: Didaktisches Handeln in der Erwachsenenbildung, 2. Aufl., Neuwied u. Kriftel 1998)

> Wenn Sie Kapitel 3 gelesen haben, fragen Sie sich
> möglicherweise, inwieweit das Lerngeschehen auch
> von Ihnen selbst erarbeitet werden kann. Versuchen
> Sie eine Art „inneren Dialog" mit sich selbst zu
> führen, beispielsweise über die Frage, welche
> Motivbereiche bei Ihnen vorhanden sind und welche
> überwiegen.

3.4 Annäherung an das Thema (A)

Die erste inhaltliche Auseinandersetzung dreht sich um
den Schlüsselbegriff „Stammtischparolen". Die Teilnehmenden werden um Antworten auf die folgenden
Fragen gebeten:

- Warum heißen „Stammtischparolen" so?
- Was kennzeichnet sie?
- Was ist ihnen gemeinsam?
- Warum fällt es so schwer, sich mit ihnen
  „vernünftig" auseinander zu setzen?
- Warum sollte es dennoch geschehen?

Die per Zuruf geäußerten Antworten werden auf Wand-
oder Flipchartpapier aufgeschrieben (Selbstlerner no-
tieren auf einem Papier, was ihnen einfällt). Die so
zustande gekommenen Aussagen werden durch farb-
liche Markierung nach drei Gesichtspunkten kategorisiert (in Klammern mögliche Antworten):

- „Stammtischparolen" heißen so, weil ... (sie oft
  in Wirtshäusern geäußert werden, häufig Alkohol-
  einfluss eine Rolle spielt, sie im Beisein von

Gleichgesinnten verkündet werden, sie ein Gefühl von Zusammengehörigkeit vermitteln, von großer Schlichtheit sind).

■ Die Kennzeichen von „Stammtischparolen" sind ... (ihre verkürzte Sicht, schlagwortartige Zuspitzung, Verallgemeinerung, Heftigkeit, Plattheit, Plumpheit, Aggressivität, ihr absoluter Anspruch, die Abwertung von Andersdenkenden und Andersaussehenden, dass die „anderen" oft nicht dabei sind).

■ Die Schwierigkeit im Umgang mit ihnen besteht in ... (ihrer Emotionalität, der hinter ihnen stehenden Gewalt, der Angst, die sie verursachen, der Erregung, die man selbst verspürt, der Schwierigkeit, schnell die passenden Argumente zu finden, dem Ausschließlichkeitsanspruch, mit dem sie vorgetragen werden).

Nachdem sich die Gruppe über den von ihr aufgestellten Katalog durch selbsterlebte Beispiele verständigt hat, soll das Pro und Contra des Begriffs „Stammtischparolen" problematisiert werden. Dies geschieht durch zwei Texte (M 1 u. M 2), die sich in unterschiedlicher Form gegen eine negative Kennzeichnung des Stammtisches wehren. Die Teilnehmer und Teilnehmerinnen sollen diese Texte lesen bzw. vorgelesen bekommen und kurz dazu Stellung nehmen. Wichtig ist, darüber nachzudenken, dass es auch (oder gerade) in einem Argumentationstraining gegen Stammtischparolen nicht um eine Pflege von Vorurteilen – in diesem Fall „dem" Stammtisch – gehen darf.

M 1 Ehrenretter

Die Stammtischbrüder ‚Unser Huhn' aus Tübingen sind fest entschlossen, gegen den schlechten Ruf ihrer Institution (etwa wegen Stammtischpolitik oder Stammtischwitzen) vorzugehen. Sie haben für kommenden Freitag zum Warnstreik „Jetzt ist der Zapfen dicht" eingeladen. „Unter Einsatz all unseres Sitzfleisches" soll auf dem Tübinger Holzmarkt mit einem öffentlichen Stammtisch „die überhand nehmende Diskriminierung dieser Keimzellen der Demokratie" angeprangert werden, kündigte Initiator Jürgen Jonas an. Für den „Tag des Bieres" am 23. April ist ein bundesweiter Sitzstreik geplant. Dann will die Tübinger Runde auch ihr Buch über die „Existenzform Stammtisch" präsentieren. Schließlich zeugten der Verein hingelagerter Jünglinge um die sokratische Flamme im antiken Griechenland ebenso wie Salons der Intellektuellen in der Aufklärung von deren Bedeutung.

(Frankfurter Rundschau v. 1.3.1997)

Schon Luther riet, dem Volk aufs Maul zu schauen

Der Zeitgeist weht in unserer bundesdeutschen Demokratie mit unverhohlener Verachtung an Stammtischen vorbei und registriert mit Widerwillen, was dort meist frank und frei gesprochen wird. Und wehe dem Politiker, der wagt, mit halbem Ohr auch nur hinzuhören! Welch Torheit. Unser ganzes Volk sitzt mehr oder weniger an Stammtischen; von der Kneipe bis zum Nobelrestaurant, vom Rentnertreff bis zum Edelstammtisch der Rotarier wird in gemütlichen oder feinen Runden über das geredet, was bewegt.

Wer hochmütig abtut, was Bürger mit Freunden in geselliger Runde bei einem Glas Bier oder Wein sich vom Herzen reden, verkennt das Wesen unserer Demokratie.

(Erika Steinbach, CDU-Politikerin aus Frankfurt/M., in: focus Nr. 38/97)

Also: Die „Stammtischparole" steht stellvertretend für all das, was die Teilnehmenden per Zuruf gekennzeichnet haben. Interessant ist, dass in allen vom Verfasser durchgeführten Trainings bei der Benennung von Stammtischparolen mit Attributen Einhelligkeit und Widerspruchsfreiheit bestand.

4. Auseinandersetzung mit Stammtischparolen (A)

> Die Teilnehmenden werden nun gebeten, in einem Brainstorming (I 6) Stammtischparolen zu nennen. Diese werden für alle gut sichtbar vom Moderator/ von der Moderatorin mitgeschrieben. Vorher wird den Teilnehmerinnen und Teilnehmern die Brainstorming-Methode erklärt.

▌6 Brainstorming

Beim Brainstorming (engl., wörtlich „Gehirnsturm", der Erfinder ist Alex F. Osborn) werden die Ideen einer Gruppe gesammelt. Das geschieht durch freien, spontanen Zuruf und in einer kurzen, begrenzten Zeit. Jeder Gedanke, jeder Beitrag ist erlaubt – alle werden gesammelt und visualisiert. Das wechselseitige Benennen erleichtert die Assoziationen und Artikulation aller am Brainstorming Beteiligten. Die Atmosphäre lockert sich dabei recht schnell.

Die Regeln sind:

■ Alle sind gleichberechtigt, sich zu äußeren.

■ Die Äußerungen sollen knapp und kurz gefasst sein.

■ Die Beiträge brauchen nicht „realistisch" zu sein – Absurdität ist erwünscht.

■ Keine Idee bzw. Äußerung darf kritisiert werden.

■ Nachfragen sind nicht vorgesehen.

■ „Killerphrasen" sind nicht gestattet (z.B. „Dummes Zeug", „Stimmt nicht", „Woher willst du das wissen?", „Gut, aber" etc.).

- Niemand soll sich für seine Brainstorming-Beiträge entschuldigen („Es ist zwar nicht ganz richtig, aber...", „Ich weiß nicht, ob das jetzt passt, aber..." etc.).
- Die Vielzahl der geäußerten Beiträge ist wichtig – je mehr kommt, desto mehr kann für den weiteren Verlauf genutzt werden.

Man kann das Brainstorming entweder zeitlich begrenzen (10 bis max. 15 Minuten) oder beenden, wenn der „Gedankensturm" abebbt.

Robert Jungk und Norbert R. Müllert haben in ihren *Zukunftswerkstätten* Brainstormings eingesetzt und die Wirkung so beschrieben: „Durch das Festhalten der Vorschläge auf den Plakaten werden in der Gruppe immer neue Ideen ausgelöst, Assoziationen tauchen in schneller Folge auf, ungewöhnliche Verbindungen und Sichtweisen entstehen. Zwischen den Werkstättlern kommt es zu einer intensiven gegenseitigen Ideen- und Phantasiebefruchtung. Manchmal erfasst die Teilnehmer geradezu ein Phantasierausch und spornt sie zu immer ungewöhnlicheren Einfällen an."

(Jungk, Robert / Müllert, Norbert R.: Zukunftswerkstätten. Mit Phantasie gegen Routine und Resignation, München 1989, S. 112f)

Schreiben Sie in 25 – 30 Minuten die Parolen auf, die Ihnen einfallen. Filtern oder korrigieren Sie Ihre Einfälle nicht. Jede Idee ist statthaft, je mehr, desto besser!

4.1 Parolen (A)

Denkbar ist, dass die folgenden Stammtischparolen zugerufen/gefunden werden:

- Die da oben machen doch, was sie wollen.
- Wir haben viel zu laue Strafgesetze.
- Ein bisschen Diktatur schadet nichts.

- Wenn Hitler den Krieg nicht begonnen hätte, wäre der Nationalsozialismus gar nicht so schlimm gewesen.
- Frauen gehören an den Herd.
- Wir brauchen wieder die Todesstrafe.
- Menschen sind von Natur aus schlecht.
- Männer machen Politik.
- In der Zeit des Nationalsozialismus konnte man wenigstens noch ohne Angst nachts über die Straßen gehen.
- Die Dritte Welt wird sich nie so entwickeln können wie wir, weil die Menschen dort eine ganz andere Mentalität haben.
- Homosexualität ist widernatürlich.
- Ausländer nehmen uns die Arbeitsplätze weg.
- Solange es Menschen gibt, wird es immer Kriege geben.
- Ausländer überfremden uns/wollen sich nicht integrieren lassen.
- In der heutigen Zeit schaut man nicht mehr durch, was eigentlich passiert.
- Wenn wir die 35-Stunden-Woche bekommen, werden die meisten Menschen nichts mit sich anfangen können.

■ Die weitaus meisten Asylanten kommen nur aus wirtschaftlichen Gründen zu uns.

■ Die meisten Arbeitslosen sind nur zu faul; wer Arbeit will, bekommt sie auch.

■ Emanzipierte Frauen sind in sexueller Hinsicht zu kurz gekommen.

■ Frauen denken von Natur aus anders als Männer.

■ Die Menschen in den Entwicklungsländern sind nur zu faul, um das zu leisten, was wir geschafft haben.

■ Wer bei uns fleißig/tüchtig ist, der bringt es auch zu etwas.

■ Hitler selbst war gar nicht so schlimm, das waren vor allem seine Hintermänner.

■ Politiker verdienen sich nur durch Dummquatschen Geld.

■ Frau am Steuer: Ungeheuer.

■ Der Neger kommt her, ruft Asyl, und schon stellen wir ihm den Mercedes vor die Tür.

■ Der Staat ist der größte Steuerverschwender.

■ Wir brauchen wieder einen starken Mann.

■ Wir können die Probleme der Welt nicht hier in Deutschland lösen.

Diese Liste stellt die Auswahl eines „harten Kerns" von Parolen dar, die – in sprachlichen Varianten – in verschiedenen Trainings immer wieder genannt wurden und sicherlich auch weiterhin zu erwarten sind.

Die vorgestellten und aufgelisteten Stammtischparolen sind – würde man sie über Jahre hinweg sammeln – ein interessanter Indikator für allgemeine und sich immer wiederholende politische Stimmungen und Missempfindungen. Sie geben aber auch einen Hinweis sowohl auf aktuelle politisch-kulturelle Tendenzen als auch auf regionale und gruppenspezifische Besonderheiten. So ist aufschlussreich, dass in neueren Trainings sehr häufig von Männern Themen der Frauenbewegung schlagwortartig aufgegriffen, „umgedreht" und konterkariert werden:

- Alle Männer sind Machos.
- Der Mann, das unbekannte Tier.
- Man darf die Männer nichts so machen lassen, wie sie es wollen.

(Wohlgemerkt: Diese Äußerungen wurden von Männern ins Brainstorming eingebracht.)

Ein Training in Brandenburg erbrachte wiederum eine besondere Problematik, die sich in den dort geäußerten Parolen zeigt:

- Alle Polen klauen Autos.
- Bei uns in der DDR herrschte Ordnung.
- Ossis sind wehleidig.
- Die Ossis sind undankbar.
- Die Wessis zocken ab.

(Bei diesem Seminar nahmen etwa zur Hälfte „Ossis" aus Brandenburg und „Wessis" aus Berlin teil.)

Wenn das Brainstorming abgeschlossen ist, besteht Gelegenheit zum Nachfragen und Erklären (was ja während der Ideensammlung nicht möglich war). Dieser Austausch sollte aber nicht allzu intensiv und zeitaufwendig sein, da ansonsten die Spontaneität in den anschließend stattfindenden Spielen beeinträchtigt wird.

Nachdem die Liste der gesammelten Parolen gut sichtbar an der Wand hängt (üblicherweise sind vier bis fünf Bögen voll geschrieben), sollen die Teilnehmer und Teilnehmerinnen eine Auswahl treffen, welche Schlagworte sie am meisten interessieren und mit welchen sie sich im weiteren Verlauf des

Trainings beschäftigen möchten. Jeder/jede hat die Möglichkeit, drei Punkte zu vergeben, und zwar entweder verteilt auf drei Parolen oder „kumuliert" auf eine oder zwei. Für diese Entscheidung liegen Filzstifte bereit, mit welchen die ins Auge gefassten Parolen markiert werden.

Die so zustande gekommene „Hitliste" ist a) ein Hinweis auf die Interessenlage in der Gruppe und b) das Programm für den weiteren Seminarverlauf.

Bevor es weitergeht, sollte noch eine Stil- und Umgangsfrage geklärt werden, nämlich ob die gegenseitige Anrede beim „Sie" bleiben oder ob das „Du" eingeführt werden soll.

Du oder Sie?

Die Zeiten des sofortigen und distanzlosen Duzens sind vorbei. Das ist kein großer Verlust, denn das pauschal eingeführte „Du" war ein Ritual, das sich in der Qualität von dem, das man ablösen wollte, kaum unterschied. Auf manche wirkte eine generelle Einführung des „Du" befremdend und – im Widerspruch zur vertraut gemeinten Ansprache – auch bevormundend. Mittlerweile ist es wieder üblich geworden, sich zu siezen – zumindest wenn man sich noch nicht kennt. Das sollte in der Bildungsarbeit mit Erwachsenen und älteren Jugendlichen auch selbstverständlich sein – denn wenigstens in der Anfangssituation gibt es Distanzierungsbedürfnisse. Schließlich gebietet der Respekt, der erwachsenen Teilnehmenden entgegenzubringen ist, sie zunächst genauso anzureden wie die Ärztin, den Finanzbeamten, die Verkäuferin.

Dennoch ist es sinnvoll, im Verlauf eines Seminars nachzufragen, ob nicht alle bereit sind, sich von nun an zu duzen. Gerade in einem Training, in dem per Rollenspiel auch intensive Gefühle mitgeteilt werden und in dem man sich gemeinsam in einer „Suchbewegung" befindet, erleichtert das Duzen den direkten Umgang miteinander.

Außerdem entsteht durch die Spiele eine Nähe untereinander, die das Du geradezu erfordert.

Oft wünscht ein Teilnehmer/eine Teilnehmerin, das ‚Du‘ einzuführen. Wenn dies aber nicht geschieht, sollte es der Moderator/die Moderatorin vorschlagen, nicht zu Beginn, nicht allzu früh, spätestens aber dann, wenn die Rollenspiele beginnen.

4.2 Rollenspiel

Die Teilnehmenden simulieren nun eine Diskussion über Stammtischparolen.

Zunächst wird ihnen Wesen und Ablauf eines Rollenspiels erklärt (I 8). Danach wird das Spiel beschrieben: Sechs Teilnehmer führen die Diskussion, wobei drei die Protagonisten der Parole und drei deren Widersacher darstellen. Die einen vertreten also die Tendenz des ausgewählten Spruchs, die anderen halten dagegen. Das Gespräch soll – Stammtisch! – in einem Wirtshaus stattfinden. Der Moderator/die Moderatorin ist Wirt bzw. Wirtin und heizt die Debatte mit entsprechenden Bemerkungen an. Ansonsten hält er/sie sich zurück, wenn das Gespräch läuft, interveniert jedoch gegebenenfalls mit einer Provokation, wenn es hakt oder stagniert. Nach ca. 15 Minuten beendet der Wirt/die Wirtin die Auseinandersetzung.

Die übrigen Teilnehmenden sind Beobachter und sitzen im Kreis um das Stammtischgeschehen herum (I 9). Sie verfolgen entweder den gesamten Verlauf oder konzentrieren sich auf eine Position/ einen Diskutanten. Die Beobachter werden gebeten, ihre Wahrnehmungen mitzuschreiben, und zwar unter den folgenden Gesichtspunkten:

■ Welche Argumente werden geäußert?
■ Wie ist die Stimmung?
■ Welche Beziehungen sind erkennbar?

■ Wo sind gesprächsstrategisch interessante, schlüsselhafte Situationen?

■ Wie ist das non-verbale Verhalten (Körpersprache) der Beteiligten?

Der Moderator protokolliert ebenfalls mit, sofern er die Rolle des Wirtes verlässt. Sinnvoll ist es, wenn er (zunächst für sich) die eingebrachten Pro- und Contra Positionen auflistet und einander gegenüberstellt, um so den inhaltlichen Verlauf zu dokumentieren und später aufschlussreiche Gesprächspassagen rekapitulieren zu können.

Während des Gesprächs läuft das Tonbandgerät mit. Dabei ist für den Moderator ein Zählwerk von besonderer Wichtigkeit, denn mit dessen Hilfe kann er anschließend bedarfsweise interessante und aufschlussreiche Gesprächssituationen zurückrufen.

Die Entscheidung für die Rollenübernahme muss freiwillig getroffen werden. Das ist nicht immer einfach; Hemmungen und die Offenheit des Verlaufs lassen es manchem Teilnehmenden ratsam erscheinen, sich „bedeckt" zu halten und nicht in eine Rolle zu gehen. Um die Bereitschaft zum Mitspielen zu erleichtern, kann mit dem Hinweis geworben werden, dass man hier eine besonders günstige Lernchance hat, indem man sich selbst in dieser oder jener Rolle wahrnehmen kann und zudem von den Beobachtern das eigene Verhalten widergespiegelt bekommt.

Wichtig ist, dass der Moderator/die Moderatorin erklärt, dass jeder/jede nur *eine Rolle spielt,* und dass nach jedem Spiel alle wieder aus ihren Rollen entlassen werden.

Es sollten in einem Training mindestens drei Diskussionen gespielt werden, vier wären besser, wobei beim letzten Gespräch die Parolengegner die bis dahin erarbeiteten Gegenstrategien berücksichtigen und einsetzen sollten.

Rollenspiel

Das Rollenspiel ist eine bewährte Methode in der politischen Bildungsarbeit. Der Begriff enthält die beiden Substantive „Rolle" und „Spiel", d.h. man tritt aus seiner „normalen" Alltagsrolle heraus und „spielt" eine fremde Rolle. Es ist ein Spiel, und zum Wesen des Spiels gehört es, die Realitätskontrolle aufgeben zu dürfen, der Phantasie und Kreativität freien Lauf lassen zu können, ohne dabei Sanktionen befürchten zu müssen. Von besonderem Reiz ist es, wenn „ein Rollenspieler/eine Rollenspielerin eine Rolle (übernimmt), in der sie oder er eine politische Position zu vertreten hat, die nicht der eigenen politischen Position entspricht. Dann erweitert sich die Möglichkeit des Lernens um das Einfühlen in fremde Lebenssituationen, aus denen ein anderes Denken, Fühlen und Handeln resultieren." *(Karin Kroll)*

Die Lernziele sind:

■ „Inhalte erschließen und Erkenntnisse gewinnen;

■ Informationen und Erfahrungen durch Reden und Spielen darstellen können;

■ sich in die Situation und Rolle einfühlen können; sich mitteilen können;

■ bislang ungekannte Anteile der eigenen Person bzw. bisher nicht geübte Verhaltensweisen entdecken und ‚ausspielen',

■ ‚Probehandeln' üben."
(Jörg Knoll)

Beim Argumentationstraining gegen Stammtischparolen sollten Vorbereitungszeiten entfallen, um die sich aus dem Gesprächsverlauf heraus ergebende Spontaneität der Einfälle nicht zu behindern und eine annähernd realistische Situation wiederzugeben. Das Spiel sollte nicht zu lange dauern, um es nicht zu „zerreden" und um auch noch genügend Stoff für die anschließende Auswertung zu haben. „Die Entscheidung ‚wer spielt – wer spielt nicht', braucht manchmal etwas Zeit; dabei ist auf Signale

des zögernden Wollens (unruhiges Sitzen, halbes Auf-
stehen und wieder setzen usw.) zu achten, um diese
Teilnehmer rechtzeitig ermutigen zu können." *(Jörg Knoll)*

(Literaturhinweis: Gugel, Günther: Praxis politischer Bildungsarbeit.
Methoden und Arbeitshilfen, 5. Aufl., Tübingen 1999, S. 272-275; Knoll,
Kurs- und Seminarmethoden a.a.O., S. 155-158; sowie Karin Kroll:
Rollenspiel, in: Kuhn, Hans-Werner/Massing, Peter [Hrsg.]: Methoden und
Arbeitstechniken [Bd. 3 des Lexikons der politischen Bildung, hrsg. von
Georg Weißeno] Schwalbach/Ts. 2000)

Innenkreis-Außenkreis   9

„In ihrer Grundstruktur besteht die Methode Innenkreis-
Außenkreis darin, dass eine kleine Gruppe sozusagen
stellvertretend für eine Großgruppe (…) ein Thema erör-
tert, Ergebnisse austauscht, eine Entscheidung trifft.
Dabei sitzt die Kleingruppe in der Mitte des Raumes (klei-
ner Stuhlkreis). Die übrige Großgruppe sitzt außen herum
(großer Stuhlkreis, notfalls Tischviereck) und hört dem
Gespräch im Innenkreis schweigend zu." *(Jörg Knoll)*

Die Aufgabe ist für die Spielerinnen und Spieler im
Innenkreis nicht einfach, denn sie werden beobachtet
(bezeichnenderweise heißt diese Methode auch „Aqua-
rium"). Daher sollte der Moderator („Wirt") in der ersten
Sequenz dabei sein, die Spieler und Spielerinnen
(„Stammtischgäste") begrüßen, evtl. kurz vorstellen,
damit die Rollensituation deutlich wird.

(Literaturhinweis: Knoll, a.a.O., S. 135- 137)

Zeichnung: MESTER

4.3 Ein Beispiel (A)

Im Folgenden wird eine Diskussionsphase in einem Argumentationstraining gegen Stammtischparolen wiedergegeben, und zwar der Beginn der Auseinandersetzung um die Parole „Wir haben zu viele Ausländer hier."

Wirt: Ich begrüße euch und freue mich, dass ihr wieder gekommen seid. Na, ja, wenn ich meine Stammtischgäste nicht hätte ... Aber wo solltet ihr auch ansonsten hingehen, es gibt ja so gut wie keine deutschen Lokale mehr in der Stadt?! Ihr wollt bestimmt wie immer ein Bier, gebraut nach dem deutschen Reinheitsgebot.

Kurt: Recht hat er, wo man hinkommt, nur noch Ausländer. Da freut man sich, dass man hier noch mal unter sich ist.

Willi: Stimmt, du kannst hingucken, wo du willst, überall sind sie, sogar die Ärzte sind meistens schon Ausländer.

Gabi: Ich finde, es reicht jetzt, wir haben zu viele hier bei uns.

Erika: Habt Ihr was gegen Ausländer?

Willi: Nö, wenn die im Ausland bleiben.

Erika: Also, mich stören sie hier nicht.

Gabi: Warte nur mal ab, bis deine Tochter mit einem Neger nach Haus kommt.

Hans: Nicht jeder Ausländer ist ein Neger.

Gabi: Oder mit einem Türken.

Kurt: Dann tanzte Bauchtanz auf der Hochzeit von deiner Kleinen.

(Kurt, Willi und Gabi lachen.)

Erika: Ihr seid ziemlich blöd.

Kurt: So Leute wie du sind blöd, die sich im eigenen Land auf der Nase rumtanzen lassen.

Monika: Du bist überall Ausländer.

Willi: Aber hier bin ich es nicht.

Hans: Du fährst doch auch schon mal ins Ausland, neulich warst du doch in Spanien im Urlaub.

Willi: Erstens hats mir da gar nicht gefallen, zu viel Dreck. Zweitens waren da meistens Deutsche. Drittens habe ich denen damit die Wirtschaft mit angekurbelt.

Monika: Der Dreck kam wohl von den deutschen Touristen.

Willi: Jetzt will ich dir mal was sagen. Die haben gar nicht die Standards in puncto Sauberkeit und Technik wie wir. Die sind nicht so weit. Deswegen kommen die alle hierher.

Hans: Woher weißt du das?

Willi: Was?

Hans: Das mit den Standards.

Kurt: Das weiß doch jeder. Lauf doch mal hin ins Altstadtviertel. Dort leben ja nur Türken, und wie sieht es da aus?

Erika: Also ich finde...

Kurt: Ja, Dreck findste da.

Monika: Meint ihr nicht, dass man von Menschen aus anderen Ländern etwas lernen kann?

Kurt: Ja, Messerstechereien, Klauen und Faulenzen.

Willi: Richtig, also ich kenne einen Asylanten, der war kaum hier, da hatte der schon ein Auto, das hat der immer noch, seine Familie ist da, keiner geht arbeiten, Fernsehen haben die.

Monika: Warum sollen sie auch keinen Fernsehapparat haben?

Willi: Weil die zu Hause auch keinen haben.

Hans: Jetzt kommt das Thema Asylanten auch noch. Nicht jeder Ausländer ist Asylant. Und außerdem...

Gabi: Aber sie kommen alle, weil sie hier von unserem Wohlstand etwas abbekommen wollen.

Monika: Wir haben doch auch genügend.

Willi: Wir können nicht die Probleme der ganzen Welt lösen.

Kurt: Genau, uns hilft ja auch keiner.

Gabi: Wir haben das ja auch alles aus eigener Kraft geschafft.

Erika: Nein, sondern zunächst einmal mit Hilfe der Amerikaner.

Kurt: Frau Oberschlau.

Willi: Was meinst du wohl, warum die Amerikaner uns geholfen haben, sicherlich nicht aus Nächstenliebe.

Erika: Sondern?

Willi: Damit wir und nicht sie für die Zukunft alle Wirtschaftsflüchtlinge aufnehmen können.

Hans: Jetzt kommt der ganz große Holzhammer!

Willi: Hast du was gegen Holzhämmer, du hast ja auch nichts gegen Ausländer.

(Kurt, Willi und Gabi lachen.)

Erika: Ihr werdet jetzt sehr unsachlich.

Gabi: Nein, Ihr.

Erika: Also, noch einmal von vorne: Erstens was wäre unsere Wirtschaft ohne die Ausländer? Wer würde Euch sonst den Dreck wegmachen? ....

Willi: Wenn die nicht da wären, wäre ja auch nicht so viel Dreck da.

Erika: Ich finde,.diese Menschen haben ein Recht, hier zu sein.

Kurt: Und wir haben bald keine Rechte mehr.

Gabi: Man ist ja gar nicht mehr sicher. Neulich haben sie eine alte Oma in ihrer Wohnung überfallen.

Kurt: Die meisten Verbrechen werden von Ausländern begangen!

Erika: Wer sagt das denn?

Kurt: Lieste keine Zeitung? Das ist statistisch eindeutig bewiesen.

Erika: Ist es nicht.

Kurt: Ist es doch.

Willi: Die ganze Mafia hier, alles Ausländer. Drogen werden von so genannten Asylanten hierher gebracht.

Gabi: Guck doch mal in unserer Innenstadt, wie sich da die ausländischen Kerle breit machen. Ich mag da abends nicht mehr durchgehen.

Das Gespräch geht so noch einige Minuten weiter, bis der *Wirt* die Stammtischgäste nach Hause schickt mit den Worten: „Feierabend, Ihr Lieben, geht nach Hause, es ist spät. Noch könnt Ihr ja morgen früh ausschlafen. Aber wartet, bis wir hier die erste Moschee haben. Dann ist das vorbei. Dann werdet Ihr mit Allah-Rufen geweckt."

4.4 Auswertung (A)

Nach dem Spiel werden zunächst die „Stammtisch-gäste" gebeten, ihre Einschätzungen darzulegen:

■ Wie habe ich mich gefühlt?

■ Wie war das Engagement in den Rollen?

■ Welche Position konnte sich durchsetzen,
welche war die unterlegene?

■ Warum?

Diese nachträgliche Reflexion verläuft in der Regel recht intensiv, und die ersten „Aha-Erlebnisse" werden deutlich, z.B. dass es den Protagonisten der Parolen wesentlich leichter gefallen ist, ihren Part „erfolgreich" zu spielen als denjenigen, die Einwände und Bedenken vortrugen. Danach schildern die Beobachter, was sie gesehen und gehört haben.

In einem allgemeinen Plenumsgespräch werden die ersten Antworten auf die folgenden Fragen gesucht:

■ Welche Gefühle, Stimmungen waren vorhanden? Bei wem traten sie wie auf, wie unterschieden sie sich bei den Einzelnen? Gab es Situationen der Eskalation? Kamen Aggressionen auf? Konnten sie verhindert werden? Wie war das Verhältnis der beiden Teilgruppen untereinander? (Emotionale Ebene)

■ An welchen Punkten konnten sich Argumente oder Gegenargumente durchsetzen? Wann und wie wurden sie abgeblockt? An welchen Stellen hätte man etwas anders/besser machen können? Welche „kör-persprachlichen" Ausdrucksformen waren erkennbar? (Rhetorische/gesprächsstrategische Ebene)

■ Welche Argumente und inhaltlichen Positionen wurden vorgetragen? Welche waren gut? Bei welchen konnte nicht qualifiziert erwidert werden? Was hätte man hier sagen können? Welches Argument fehlte? (Inhaltliche Ebene)

Nach dieser Klärung, die auf Flipchart- bzw. Wandpapier festgehalten werden sollte, wird vom Moderator/der Moderatorin die Frage gestellt, was am meisten interessiert und wo Informationsbedarf besteht. Vorgeschlagen werden kann von ihm/ihr eine Beschäftigung mit

a) den Inhalten, den politischen Argumenten und

b) dem psychologischen, sozialpsychologischen Hintergrund.

Noch einmal zurück zum oben wiedergegebenem Gespräch. Bei diesem sind die folgenden Nachfragen denkbar:

Emotionale Ebene:

■ Wie waren die Beziehung zwischen den Mitgliedern der beiden Gruppen?

■ Wo wurde gelacht, sich bestärkt?

■ Gibt es Stellen, an denen der Ton schärfer wird?

■ Wie war das Verhältnis zwischen Kurt und Willi?

■ Wie haben sich Erika und Monika gefühlt?

Rhetorische/gesprächsstrategische Ebene:

■ Welche Seite hat die größeren Gesprächsanteile?

■ Wie ist das Verhältnis zwischen sachlichen und emotionalen Argumenten?

■ Auf welcher Seite überwiegen sachliche, auf welcher emotionale Argumente?

■ Gibt es eine einheitliche Argumentationslinie?

■ An welchen Stellen intervenieren die Parolengegner?

■ Wie erfolgreich sind sie dabei?

■ Warum werden einige Gegenpositionen in

Frageform eingebracht? (Habt Ihr was gegen Ausländer? Meint Ihr nicht, dass man von Menschen aus anderen Ländern etwas lernen kann? Warum sollen sie auch keinen Fernsehapparat haben? Was wäre unsere Wirtschaft ohne die Ausländer?)

- Welche Mittel setzen die Protagonisten dagegen?
- Gibt es eine Situation des Nach- oder gar Umdenkens?
- Wer wird beim Gespräch unterbrochen?
- Wodurch haben sich die Parolengegner von einem Argument abbringen lassen bzw. wann haben sie ein solches nicht mehr weiter verfolgt?
- Wo werden Witz und Schlagfertigkeit eingesetzt (und mit welcher Wirkung)?
- Warum schweigt Monika im weiteren Verlauf des Gesprächs?
- Welche Mittel setzen Kurt und Willi ein?

Inhaltliche Ebene:

- Wie ist die Qualität der unterschiedlichen Argumente zu bewerten?
- Was hat der Versuch Erikas gebracht, Kurts Statistik der „Ausländerkriminalität" in Frage zu stellen, oder Hans' Versuch, Willis Behauptung über die „Standards" im Ausland zu hinterfragen?
- Welche Sachargumente haben die Parolengegner vorgetragen? (Jeder Mensch ist irgendwann ein Ausländer, Urlaub im Ausland, Wohlstand der Bundesrepublik, Wirtschaftshilfe der USA, Wirtschaft braucht ausländische Arbeitskräfte, Menschenrecht auf Freizügigkeit)

Gehen Sie noch einmal das Gesprächsbeispiel durch und beantworten Sie die Fragen zu der emotionalen, rhetorischen/gesprächsstrategischen und inhaltlichen Ebene.

5. Inhaltliche Vertiefung (A)

Das Argumentationstraining gegen Stammtischparolen bietet eine ausgesprochen günstige Gelegenheit für „klassische" politische Bildungsarbeit. Denn an die Stelle von Ressentiments, Vorurteilen und Halbwissen setzt es Aufklärung, Urteilsbildung und Informationen. Häufig kommt es nämlich bei den Teilnehmenden zu Nachfragen, wie dieses oder jenes Argument zu bewerten sei, welche Fakten denn nun richtig seien, was man bestimmten Aussagen entgegensetzen könne. Im Anschluss an die Spielszenen bietet sich daher eine inhaltliche Beschäftigung mit dem jeweiligen Thema an.

Darauf sollte der Moderator/die Moderatorin vorbereitet sein. Das heißt, dass einem Argumentationstraining eine gründliche Recherche der anstehenden Sachthemen vorausgehen sollte. Es ist abzusehen, dass sich die diskutierten Themen vor allem auf die folgenden Bereiche konzentrieren werden:

- Ausländerpolitik
- Asylfragen
- Entwicklungspolitik
- Arbeitslosigkeit – Armut – Sozialpolitik – Sozialabbau
- Politikverdrossenheit
- Nationalsozialismus – Rechtsextremismus.

Auch *Autodidakten/Selbstlerner* sollten sich darauf einstellen, dass sie vorzugsweise mit Parolen und Sprüchen aus diesen Themenbereichen konfrontiert werden.

Die *Seminarleitung* eines Trainings sollte auf dieses inhaltliche Spektrum vorbereitet sein, und zwar

a) durch Aussuchen und Bereitstellen entsprechender Materialien (Bücher, Texte, Arbeitsunterlagen) und

b) durch vorherige Sichtung der Tages- und Wochenpresse (um aktuelle Bezüge herstellen zu können).

Da das Argumentationstraining möglichst selbstgesteuert verlaufen soll und auf jeden Fall teilnehmerorientiert angelegt ist, sollte der Moderator/die Moderatorin es unbedingt vermeiden, die anstehenden Themen monologisch und referierend zu behandeln. Dies würde das angestrebte Klima von Eigenaktivität erheblich stören, vielleicht sogar beenden. Es wäre zudem auch ein Widerspruch zum Versuch, bei den Teilnehmenden die eigene Argumentationsfähigkeit zu fördern und zu stärken. Es empfiehlt sich daher, die Seminarteilnehmer davon zu überzeugen, auch die inhaltliche Arbeit selbst durchzuführen.

In Kleingruppen von vier bis sechs Teilnehmenden wird versucht, Gegenargumente zu den Parolen zu finden. Diese sollen in kurzen, prägnanten Sätzen (drei bis fünf) schriftlich festgehalten werden. Hierzu ziehen sich die Gruppen entweder in die Ecken des großen Arbeitsraums oder in die Nebenräume, die Kantine, ins Freie zurück. Die von der Seminarleitung ausgesuchten und vorbereiteten Materialien stehen allen zur Verfügung (entweder als gemeinsamer Seminarapparat oder als Gruppensatz). Dauer der Gruppenarbeit: eine bis anderthalb Stunden. Danach werden im Plenum die Ergebnisse vorgestellt; alle Teilnehmerinnen und Teilnehmer sollten Kopien der Argumentesammlungen erhalten. (Wie die Arbeitsergebnisse aussehen könnten, zeigen die Texte I 10 - I 12. Zwei Mal fallen die erarbeiteten Gegenthesen kurz und bündig aus, in einem Fall sind sie differenzierter und detaillierter dargestellt.)

A 5

Sie können auch individuell üben, eine Kontramei-
nung zu den Parolen zu vertreten. Besorgen Sie sich
Literatur (in Kapitel 12 werden einige Empfehlungen gegeben). Gewöhnen Sie sich an, bei Ihrer Zei-
tungslektüre auf Meldungen und Informationen zu
achten, die Ihre Gegenposition stärken. Sammeln
Sie diese, bauen Sie sich ein Archiv auf. Versuchen
Sie, so wie bei den Texten I 10 - I 12, Gegenargumente zu den Parolen zusammenzutragen, die Sie
besonders interessieren. Sie müssen nicht zu allen
sofort Stellung nehmen und mit mehreren Aspekten
widerlegen können. Im Laufe der Zeit kommen
neue Informationen und Argumente hinzu, wenn Sie
entsprechend aufmerksam sind und bleiben.

„Ausländer sind krimineller als Deutsche."

I 10

Nein, denn:

- ▩ Gegen 30 Prozent der nichtdeutschen Tatverdächtigen
  wurde wegen eines Verstoßes gegen das Ausländer-
  oder Asylverfahren ermittelt. Diese Delikte können von
  Deutschen nicht begangen werden.

- ▩ Es ist nicht gerechtfertigt, in der Kriminalstatistik alle
  Ausländer in einen Topf zu werfen. Asylbewerber
  leben unter völlig anderen Bedingungen als ausländische Arbeitnehmer und ihre Familien.

- ▩ Der ausländischen Wohnbevölkerung werden auch
  Straftaten zugerechnet, die von Touristen, illegal sich in
  der Bundesrepublik Aufhaltenden, Soldaten anderer
  Streitkräfte etc. begangen werden.

- ▩ Unter Ausländern sind solche Bevölkerungsgruppen
  überrepräsentiert, die generell (auch unter Deutschen)
  häufiger Straftaten begehen (Jüngere, Bildungsbe-
  nachteiligte, Einkommensschwache). Ein angemesse-
  ner Vergleich müsste die gleichen deutschen und
  nichtdeutschen Sozialgruppen aufeinander beziehen.

■ Ausländer werden eher und häufiger verdächtigt als Deutsche, und sie stehen häufiger unter falschem Tatverdacht.

(Diesen Argumenten liegt die folgende Literatur zugrunde: Ahlheim, Klaus/ Heger, Bardo: Vorurteile und Fremdenfeindlichkeit, Schwalbach/Ts. 1998, S. 56; Geißler, Rainer: Das gefährliche Gerücht von der hohen Ausländerkriminalität; in: Aus Politik und Zeitgeschichte Nr. 35/1995, S. 30- 39)

11 „Ihre Armut haben die Entwicklungsländer selbst verschuldet."

Nein, denn:

■ Die Industrieländer stellten 1997 lediglich 22% der Weltbevölkerung, verfügten aber über 83% aller Einnahmen, verbrauchten 72% der gesamten Energie und produzierten 70% des Treibhausgases. Reichtum und Armut sind Fragen der Verteilung und der Macht, die Ressourcenverteilung zugunsten der Industrieländer vorzunehmen. Wohlstand und Reichtum im Norden führen zu Armut im Süden – dadurch, dass die natürlichen Grundlagen ungleich und ungerecht verbraucht werden.

■ Das Fünftel der Menschheit, das in den Industrieländern lebt, verursacht ca. 80% der weltweiten Klimaschäden. Die Konsequenzen für Natur und Umwelt (etwa Verlust fruchtbarer Böden) sind – unabhängig von den Verursachern – weltweit zu spüren; sie treffen vor allem aber Agrarländer des Südens.

■ Die Länder der Dritten Welt sind von ihren Rohstoffen abhängig. Deren Preise sinken, und zwar seit 1989 jährlich um bis zu 7%. So betrug der für die Mitgliedsländer des Kaffeeabkommens erzielte Devisenerlös aus Kaffee-Exporten 1985/86 17,4 Mrd. US-Dollar, 1993/94 7,4 Mrd. US Dollar (Realpreis, also auf die Kaufkraft bezogen, mit dem Preisindex von 1989). Der Verfall der Rohstoffpreise und die drastische Verschlechterung der Terms of Trade (Handelsbedingungen = die relative Preisentwicklung zwischen

Exporten und Importen) sind die wichtigsten externen Krisenursachen für Armut in den Entwicklungsländern.

■ Die Entwicklungsländer sitzen in einer Schuldenfalle, die sie nicht selbst verursacht haben. Bei fallenden Rohstoffpreisen sind sie auf Kreditaufnahme angewiesen. Die Kredite werden von den Banken der Industrieländer gegeben (die wiederum durch die Förderung bestimmter Investitionen Einfluss nehmen auf die Geschäftspolitik der Industrie- und Handelsunternehmen), und zwar in der Erwartung möglichst hoher Gewinne aus Zinszahlungen. Die Schuldendienstquote (bei der die Summe der Zinsen und Tilgungen auf die Exporterlöse bezogen wird) lag 1996 – bezogen auf alle Entwicklungsländer – bei 16,4% (in etlichen Ländern liegt diese Quote weit darüber). Das ist Geld, welches z. B. dem Bildungs- oder Gesundheitswesen nicht zur Verfügung steht.

■ Die Entwicklungsländer sind einem enormen Exportdruck ausgesetzt. Denn durch die hohen Kreditaufnahmen sind für die Finanzierung der Schulden und der Schuldentilgung Devisen erforderlich, die nur durch Exporte erwirtschaftet werden können. Um weltwirtschaftlich mithalten zu können, müssen Investitionen getätigt werden, die nötigen Produktionsmittel werden in den Industrieländern gekauft. Dadurch werden die Chancen heimischer Kleinbetriebe gemindert. Um die Schulden tilgen zu können, werden die einheimischen Ressourcen extensiv genutzt, was zu weltweiten Umweltproblemen führt.

(Diesen Argumenten liegt die folgende Literatur zugrunde: BUND und MISEREOR [Hrsg]: Zukunftsfähiges Deutschland – Ein Beitrag zu einer global nachhaltigen Entwicklung, Basel, Boston, Berlin 1996; Durning, Alan B.: Die Armutsfalle. Die Beziehung zwischen Armut und Umwelt – Die Elendsspirale umdrehen, Schwalbach/Ts. 1992; Erlassjahr 2000. Entwicklung braucht Entschuldung. Aktionshandbuch, hrsg. von „Erlassjahr 2000", c/o Südwind e.V., Siegburg 1998; Nuscheler, Franz: Lern- und Arbeitsbuch Entwicklungspolitik, 4. völlig neu bearb. Aufl., Bonn 1995; Wochenschau, Sonderausgabe, Dezember 1996 [Thementag Nord-Süd], Ausgabe Sek. II, Nr. 3/4, Mai-August 1997 [Entwicklungspolitik])

„Hunger? Aha! Also Wirtschaftsflüchtling!!"

„Die meisten Deutschen wussten im ‚Dritten Reich' nichts von der Judenverfolgung und -vernichtung"

■ 12

Nein, denn:

▪ Die Boykotte jüdischer Geschäfte (1933), die Aktion „Juden unerwünscht" und die Beschlüsse von Gemeinderäten, ihre Gemeinden „judenfrei" zu machen (1935), die Nürnberger Gesetze (1935), die Berufsverbote für Ärzte und Rechtsanwälte (1938), die „Kristallnacht" bzw. Pogromnacht (1938), die Einführung des Judensterns (1941) und andere Gewaltaktionen gegen die Juden waren offensichtlich.

▪ In den Massenmedien wurde permanent antisemitische Propaganda verbreitet.

▪ Soldaten berichteten im Urlaub von dem, was sie in Polen und Russland erlebt und gesehen hatten; viele fotografierten Demütigungen von Juden, Exekutionen, Massengräber und Deportationen.

▪ Zahlreiche Zivilisten (Verwaltungsbeamte, Polizisten, Eisenbahner u.a.) waren an den Deportationen beteiligt. Sie konnten zumindest ahnen, dass es sich bei den Judentransporten nicht um „Umsiedlungsmaßnahmen" handelte.

(Diesen Argumenten liegt die folgende Literatur zugrunde: Hilberg, Raul: Täter, Opfer, Zuschauer. Die Vernichtung der Juden 1933-1945, 4. Aufl., Frankfurt/M. 1992; Klemperer, Victor: Das Tagebuch 1933-1945. Eine Auswahl für junge Leser, 2. Aufl., Berlin 1997; Legenden, Lügen, Vorurteile. Ein Wörterbuch zur Zeitgeschichte, hrsg. von Benz, Wolfgang: 8. Aufl., München 1996 [Neuaufl. 1998]; Reifarth, Dieter/Schmidt-Linsenhoff, Viktoria: Die Kamera der Täter, in: Heer, Hannes/Neumann, Klaus [Hrsg.]: Vernichtungskrieg. Verbrechen der Wehrmacht 1941-1944, 8. Aufl., Hamburg 1997, S. 475-503; Wochenschau, Ausgabe Sek. II, Nr. 3/4, Mai-August 1998 [Nationalsozialismus])

6. Psychologische Hintergründe der Stammtischparolen (A)

Die argumentative Auseinandersetzung mit Stammtischparolen führt zur Frage nach den Gründen und Hintergründen: Warum gebrauchen Menschen solche Parolen? Welche Menschen sind das? Welche Erklärungen liefern Psychologie und Sozialpsychologie für dieses Phänomen? Um Antworten auf diese Fragen zu finden, beschäftigt man sich sinnvollerweise mit folgenden Themen:

■ Vorurteil

■ Aggression

■ Autoritarismus.

Die hinter diesen Begriffen stehenden psychischen Mechanismen und Strukturen können zur Begründung verhelfen, warum (und welche) Menschen anfällig sind für Stammtischparolen, und Erklärungen liefern für das Bedürfnis, die Welt in Schwarz-Weiß-Schablonen einzuteilen und feindselig Auschau zu halten nach Menschen und Verhaltensweisen, die den eigenen – wie und wodurch auch immer zustande gekommenen – Maßstäben nicht entsprechen. Vorurteile, Aggressionen und autoritäres Verhalten beziehen sich aufeinander und ergänzen sich. Das sollte bei der folgenden Darstellung mitbedacht werden.

6.1 Vorurteil (A)

Die Teilnehmenden werden gebeten, sich mit den folgenden Materialien zu beschäftigen (Plenum oder Kleingruppen).

Ü 6

A 6

Schauen Sie sich die Bilder an und beantworten Sie die dazu gestellten Fragen.

M 3

Partnerschaftsanzeigen

Auf welche der acht abgebildeten Personen trifft welche der vier Anzeigen zu (wer hat sie aufgegeben)? Wie würden die übrigen Personen ihre Anzeigen formulieren?

Berlin

Akademikerin, berufl. selbst. u. engagiert, 38 J., 176 cm (Tochter, 5 J.), schlank, sportlich, kulturell interessiert, sucht einen attraktiven, charmanten und liebevollen Mann mit Stil und Esprit für eine harmonische und leidenschaftliche Beziehung.

DIE ZEIT, 20079 Hamburg

A

Junger Rechtsanwalt - 38 J., 185, attraktiv, vielseitig interessiert, HH, sucht intelligente, sportliche und attraktive Partnerin für eine gemeinsame Zukunft. Zuschriften bitte mit Bild.

DIE ZEIT, 20079 Hamburg

B

Mann in den 50ern, 1,81 m, 80 kg, wißbegierig, humorvoll, friedlich, sensibel, aber nicht unglücklich, interessiert an Literatur, Musik, Kunst, als Arzt tätig, sucht die große Liebe! Bitte nur Bildzuschriften!

DIE ZEIT, 20079 Hamburg

C

Raum Hamburg

Ich bin 51 J., 1,72, blond, schlank, ziemlich gutaussehend (sagt man), studiert, geschied., finanz. unabhängig. **Ich habe** 2 erw. Kinder, Freude an Sport (Tennis, Ski, Segeln), Kultur, Reisen, gutem Essen u. Wein, Geselligkeit, Gesprächen zu zweit und mit Freunden. **Ich wünsche** mir einen klugen, humorvollen Mann für eine liebevolle Partnerschaft, der zunächst Interessen (wenigstens einige) und später vielleicht den Rest meines Lebens mit mir teilt.
DIE ZEIT, 20079 Hamburg

D

Fotos: Schindlerfoto, Gerd Scheffler, Mick Grosse

M 4 Paare

Welche Beziehung der abgebildeten fünf Paare hat für die Zukunft die längste „Haltbarkeit"? Welche wohl die geringste? Warum?

Fotos: WEDOpress, IDM, MARBERT, amw, Erwin Wodicka

Staatsanwälte

M 5

Zwei der abgebildeten Männer sind Staatsanwälte, einer ist wegen Betrugs angeklagt, einer war Spion. Wer ist wer? Wie kommen Sie zu dieser Einschätzung?

1

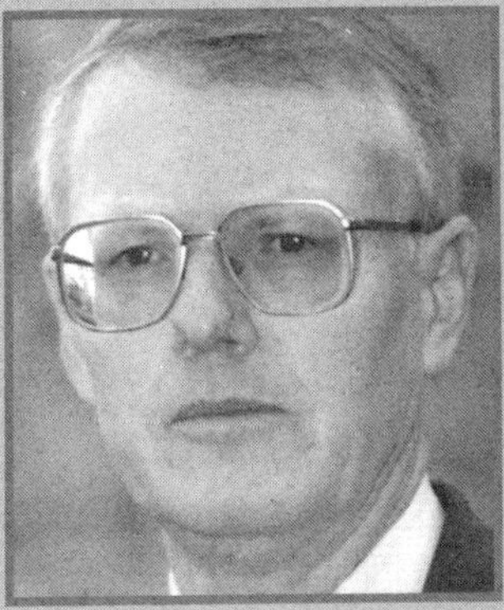

2

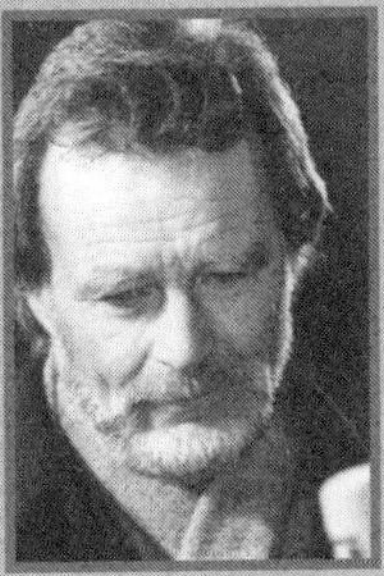

3

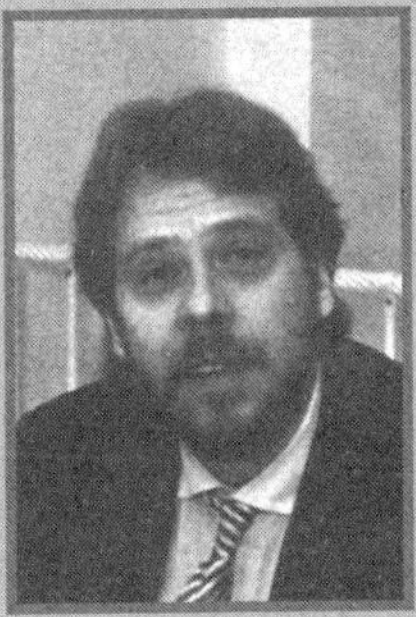

4

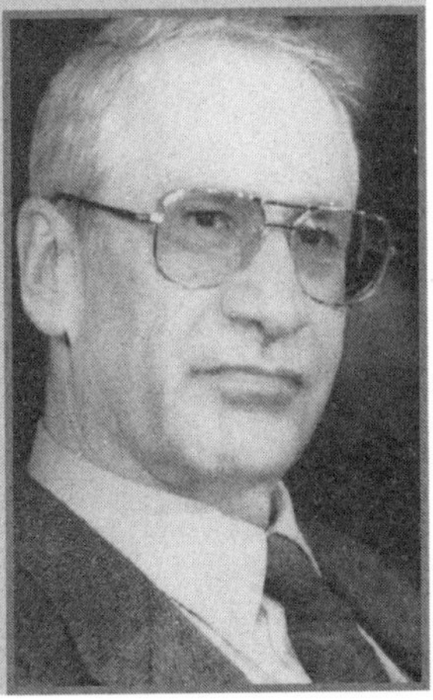

Fotos: WENHO, AP, dpa

Lösungen vgl. S. 117

M 6 **Wohngemeinschaft**

In Ihrer Wohngemeinschaft sind zwei Plätze frei geworden, dafür gibt es acht Interessierte. Für welche beiden abgebildeten Personen entscheiden Sie sich? Welche beiden kommen dagegen am wenigsten in Frage? Welche Gründe haben Sie zu dieser Entscheidung veranlasst?

Fotos: Schindlerfoto, B. S. Kortner, Neckermann

In der Diskussion über diese Materialien geht es um Fragen nach dem ersten Eindruck, den Kriterien einer spontanen Bewertung und darum, wie ein „Urteil" zustande kommt und wie zuverlässig dieses sein kann. Dabei wird deutlich, dass vielfach schon ein festes Bild von etwas oder jemandem besteht, das eine Urteilsbildung entscheidend bestimmt. Vor einem Urteil ist bereits ein Vor-Urteil vorhanden. Dieses Vorurteil (I 16) „wird nicht reflektiert", es „dient als Orientierungshilfe für den Alltag". „Ohne die Maschinerie der Vorurteile", so hat Max Horkheimer einmal formuliert, „könnte einer nicht über die Straße gehen, geschweige denn einen Kunden bedienen. Nur muss er imstande sein, die Generalisierung einzuschränken, wenn er nicht unter die Räder kommen will" (zit. nach Ahlheim/Heger, a.a.O., S. 5).

Vorurteile haben für den *Einzelnen* die Bedeutung, seine Psyche zu stabilisieren, indem sie

■ der Orientierung in unübersichtlichen Situationen dienen und

■ Verhaltenssicherheit ermöglichen.

Vorurteile sind ein willkommener Stoff, um *soziale Gruppen* zusammenzuhalten, indem sie

■ die Gruppenbildung und -zugehörigkeit stabilisieren und

■ eine Aggressionsverschiebung auf Fremdgruppen erlauben.

Vorurteile stablisieren auch die *Gesellschaft* / ein *politisches System*, indem sie

■ Herrschaftsausübung rechtfertigen und Macht erhalten und

■ an der Herrschaftssicherung durch die Bereitstellung von „Sündenböcken" und Feindbildern mitwirken.

Die Gefahr eines Vorurteils liegt aber darin, dass es schnell umschlagen kann in Feindseligkeit, Fundamentalismus und Hass. Wesentliches Kennzeichen der Stammtischparolen ist ihre Verhaftung in Vorurteilen. Reflexion kann ein Weg sein, das „Brett vor dem Kopf", das ein Vorurteil auch darstellt, beiseite zu schieben. Aufklärung, Information, Begegnung und neue Erfahrungen können Vorurteile erschüttern und auflösen.

(Literatur: Ahlheim / Heger, Vorurteile und Fremdenfeindlichkeit, a.a.O., S. 5-64)

Das Repertoire an Vorurteilen und Urteilen in einer Gruppe kann durch ein *Positions- und Meinungsbarometer* (I 13) deutlich werden.

13 Positions- und Meinungsbarometer

Eine Längsseite des Raumes wird als Skala eines Barometers gedacht. Die eine Hälfte ist die „Nein-Hälfte", die andere die „Ja-Hälfte". Dies sollte mit entsprechenden Schildern markiert werden. Die Teilnehmer und Teilnehmerinnen werden gebeten, nach Bekanntgabe einer Äußerung durch den Moderator/die Moderatorin, sich auf dieser Skala zu platzieren. Stimmen sie dieser Aussage zu, dann gehen sie in den Ja-Teil, lehnen sie diese ab, dann bewegen sie sich zum Nein-Teil. Sie können die gesamte Bandbreite von Zustimmung oder Negierung nutzen. Wer ein entschiedenes „Ja" ausdrücken will, der geht ganz bis ans entsprechend ausgewiesene Ende des Raumes, beim „Nein" ist es umgekehrt. Dazwischen gibt es nuancierte, mittlere, nicht ganz eindeutige Einschätzungen und entsprechend positioniert man sich innerhalb der gesamten Ja-Nein-Skala. Wenn alle stehen, werden jeweils drei bis fünf Seminarteilnehmer um Begründung gebeten, warum sie sich hier hingestellt haben.

Die Teilnehmenden „nehmen Stellung" zu den vom Moderator / der Moderatorin vorgetragenen Statements (s. A7).

A 7

Sie können sich auch Ihr persönliches Meinungs-barometer anfertigen, indem Sie auf der linken Seite eines Blattes Papier „Nein" und auf der rechten Seite „Ja" vermerken. Zwischen beiden Positionen ziehen Sie eine Linie. Auf diese tragen Sie das Maß Ihrer Zustimmung bzw. Ablehnung zu den ange-führten Meinungen ein:

- Wer rauschgiftabhängig ist, stiehlt.
- Schwarze sind andere Menschen als Weiße.
- Die Bayern trinken mehr Bier als Norddeutsche.
- Frauen denken anders als Männer.
- Homosexualität ist eine natürliche Veranlagung.
- Ältere Menschen können ebenso gut lernen wie jüngere.

Bei der Auswertung geht es um die Frage, welcher Antwort ein Vorurteil und welcher ein Urteil zu-grunde liegt: Welche Kenntnisse und Erkenntnisse haben warum zu welcher Antwort bewogen? Wie gesichert ist das dem Urteil vorausgehende Wissen? Oder beruht die Positionsnahme eher auf einem un-klaren Vorurteil?

Stille Post (1): „Gerüchteküche"

14

Der amerikanische Psychologe Gordon W. Allport führte in den 40er Jahren das folgende Experiment durch: Er zeigte einem Auditorium ein Dia, das eine Szene in einer U-Bahn wiedergab. Ein schwarzer und ein weißer Mann stehen sich gegenüber, auf den Bänken im Waggon sit-zen weitere Menschen. Der Schwarze ist mit Anzug, Krawatte und Hut bekleidet. Der Weiße trägt eine Arbeits-kluft, in seinem Gürtel steckt ein messerähnliches Werk-zeug. Der Weiße redet mit erhobenem Zeigefinger auf den Schwarzen ein, der hält beide Arme nach unten.

Nachdem das Dia gezeigt wurde, kommt eine Versuchs-person, die das Bild nicht gesehen hat, herein und erhält vor versammeltem Publikum 20 detaillierte Informationen über die Abbildung. Diese Person übermittelt das Gehörte einer zweiten Versuchsperson, die das Bild ebenfalls nicht kennt. Die so informierte zweite Versuchsperson berichtet dann einem dritten Probanden usw. Am Ende (es gab mehrere hundert Durchläufe) hatte in über der Hälfte der Berichte der Schwarze das Messer in der Hand, in vielen Fällen bedrohte er damit den Weißen.

Bei diesem Experiment drängen sich einige Fragen auf: Inwieweit spielen bei der diametralen Umdrehung des ursprünglichen Vorgangs Vorurteile eine Rolle? Werden von Versuchsperson zu Versuchsperson die Bilder so weitergegeben, dass sie in die jeweilige Vorurteilsstruktur passen? Wird das ausgeblendet, was nicht „stimmt"? Verfahren wir alle mehr oder weniger nach dem Motto „Wenn die Wirklichkeit und unsere Vorstellung nicht übereinstimmen, umso schlimmer für die Wirklichkeit"?

(Literatur: Allport, G.W./Postman, L.: The Basic Psychology of Rumor, in: Maccoby/Newcomb/Hartley [Hrsg.]: Readings in Social Psychology, 3. Aufl., New York 1958)

15 Stille Post (2): „Sonnenfinsternis"

Wie Legenden entstehen, in deren Verbreitung sich auch Meinungen mischen, die eng mit Vorteilen verbunden sein können, zeigt eine Geschichte des Kabarettisten Wolfgang Neuss:

„Der Oberst sagt zum Adjutanten: Morgen früh um neun ist eine Sonnenfinsternis. Etwas, was nicht alle Tage passiert. Die Männer sollen im Drillich auf dem Kasernenhof stehen und sich das seltene Schauspiel ansehen. Ich werde es ihnen erklären. Wenn es regnet, werden wir nichts sehen. Dann sollen sie in die Sporthalle gehen.

Der Adjutant zum Hauptmann: Befehl vom Oberst: Morgen früh um neun ist eine Sonnenfinsternis. Wenn es regnet, kann man sie vom Kasernenhof nicht sehn, dann findet sie im Drillich in der Sporthalle statt. Etwas, was nicht alle Tage passiert. Der Oberst wird erklären, warum das Schauspiel selten ist.

Der Hauptmann zum Leutnant: Schauspiel vom Oberst: Morgen früh um neun Uhr Einweihung der Sonnenfinsternis in der Sporthalle. Der Oberst wird erklären, warum es regnet. Sehr, sehr selten so was!

Der Leutnant zum Feldwebel: Seltener Schauspielbefehl: Morgen neun Uhr wird der Oberst im Drillich die Sonne verfinstern, wie es alle Tage passiert in der Sporthalle, wenn ein schöner Tag ist. Wenn's regnet: Kasernenhof!

Der Feldwebel zum Unteroffizier: Morgen um neune Verfinsterung des Obersten im Drillich wegen der Sonne. Wenn es in der Sporthalle regnet, was nicht alle Tage passiert, antreten auf dem Kasernenhof. Äh…sollten Schauspieler dabei sein, solln sich selten machen.

Gespräch unter Soldaten: Haste schon gehört, wenn's morgen regnet? Tja, ich weiß – der Oberst will unser Drillich verfinstern. Das dollste Ding: Wenn die Sonne keinen Hof hat, will er ihr einen machen. Schauspieler sollen Selters bekommen, typisch. Dann will er erklären, warum er aus rein sportlichen Gründen die Kaserne nicht mehr sehen kann.

(Wolfgang Neuss: Führungs-Kettenreaktion, in: Ders.: Der totale Neuss, Hamburg 1997)

Vorurteile

16

„Vorurteile sind starre, meist negative und ablehnende, oft feindselige Einstellungen gegenüber Einzelnen oder Gruppen, denen aufgrund fehlerhafter Verallgemeinerungen bestimmte ‚wesenhafte' Eigenschaften und ‚typische' Verhaltensweisen zugeschrieben werden. (…) Vorurteilsvolles ‚Denken' arbeitet mit einem stets ähnlichen Inventar von *Stereotypen* und *Klischees*, vor allem aus der

‚Mottenkiste' ethnozentristisch-nationalistischer Weltan-
schauungen (‚die Schotten sind geizig', ‚die Südländer
sind feurige Liebhaber, aber faul', ‚die Ausländer wollen
doch nur unser Geld', ‚die Deutschen sind ordentlich und
fleißig'…). Vorurteile entziehen sich dem Versuch der
Wahrheitsfindung, verweigern sich den Kriterien von logi-
scher Stringenz und politischer Rationalität.

Vorurteile entlasten. Sie schaffen eine Feindwelt, die für
Einzelne und große Gruppen der Bevölkerung eine als
krisenhaft empfundene Wirklichkeit – auf Kosten von
Fremden, Außenseitern und Minderheiten – erträglicher
macht. Für persönliche und gesellschaftliche Schwierigkeiten, für Zukunftsangst und ökonomische Krisen
werden *Sündenböcke* verantwortlich gemacht und *die*
Anderen, *die* Fremden, *die* Ausländer etc. als vermeintlich
Schuldige attackiert.

(…) Vorurteile stabilisieren auch Herrschaft, lenken ab
von den wahren Ursachen gesellschaftlicher Missstände
– und von den Verursachern. Aus Vorurteilen werden
Geschichtslügen gemacht und Ideologien gezimmert,
weshalb man Ideologie auch als Herrschaft des Vorurteils
bezeichnet hat (…).

Vorurteile sind bequemes Nicht-denken-Müssen und
Nicht-denken-Wollen in unbequemer Lage und Zeit, im-
mun gegenüber Tatsachen und Argumenten. Der Vorurteilsvolle wird im Bedarfsfall zwar einräumen, dieser oder
jener persönlich bekannte Ausländer etwa sei durchaus
ein anständiger Mensch und netter Kollege, am prinzipi-
ellen Vorurteil ändert solche vermeintliche Ausnahme
nichts. (…)

Vorurteile sind so stabil, weil sie im ‚psychischen
Haushalt' des Einzelnen eine wichtige Rolle spielen. (…)

Der Vorurteilsvolle zeichnet sich in der Regel auch durch
übersteigerten Nationalismus aus, verficht die Ideologie
der natürlichen Ungleichheit, neigt zu Schwarz-Weiß-
Denken, das mit einer klaren Vorstellung von Oben und
Unten, Gut und Böse, Stark und Schwach verbunden ist,
hängt an autoritären Orientierungsmustern. Indem der

Vorurteilsvolle nun jene Anteile von Schwäche, Bösem etc., die er bei sich selbst wahrnimmt, abspaltet und mit Hilfe des Vorurteils auf den anderen, Fremden überträgt, kann er sein dualistisches Welt- und positives Selbstbild allen inneren Anfechtungen zum Trotz aufrechterhalten."

(Ahlheim, Klaus: Vorurteile, in: Hufer, Klaus-Peter [Hrsg.]: Außerschulische Jugend- und Erwachsenenbildung. Bd. 2 des Lexikons der politischen Bildung, hrsg. von Georg Weißeno, Schwalbach/Ts. 1999, S. 240-241)

6.2 Aggression (A)

Die Rollenspiele am „Stammtisch" haben sicherlich allen verdeutlicht, dass es zu Situationen zunehmender Erregung, Lautstärke und Anspannung kommen kann. Wann dies jeweils der Fall war, sollte gemeinsam vergegenwärtigt werden. Hier sind Aggressionen im Spiel. Um sich deutlich zu machen, was diese kennzeichnet und wie diese zu definieren sind, eignet sich die folgende Übung.

Die Teilnehmenden (oder die Selbstlerner) ordnen die folgenden Verhaltensweisen als stark aggressiv – aggressiv – nicht aggressiv ein:

■ Ein Autofahrer zeigt einem anderen einen Vogel.
■ Eine Mutter ärgert sich über ihr Kind und spricht den Nachmittag über nicht mit ihm.
■ Aus Protest gegen Arbeitsplatzabbau in der Firma legen die Beschäftigten für zwei Stunden die Arbeit nieder.
■ Im Boxkampf wird ein Boxer von dem anderen k.o. geschlagen.
■ Eine Frau ist Hobby-Künstlerin und bekommt einen Preis. Darüber wird in der örtlichen Presse ausgiebig berichtet. Die Frau ist deswegen sehr stolz. Aber die Kolleginnen und Kollegen am Arbeitsplatz sprechen sie auf das Ereignis nicht an, obwohl sie alle es zur Kenntnis genommen haben. *(Weiter auf S. 66)*

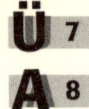

Ü 7
A 8

■ Ein Mann zu zwei Freunden: „Was ist der kürzeste Blondinen-Witz?
Antwort: Eine Blondine denkt."

■ Es sind zwei Unternehmen am Ort. Um die Konkurrenz auszubooten, beginnt der eine Betrieb mit einem Preis-Dumping.

■ Ein Polizist kassiert von einem Autofahrer wegen einer kleinen Geschwindigkeitsüberschreitung 40.– DM.

■ In einem Restaurant wird ein Gast über sein Handy angerufen und telefoniert lauthals.

■ In einem Gespräch werden die Einwände einer jüngeren Frau überhört.

Bei dem folgenden Versuch, Aggression zu kennzeichnen, wird deutlich werden, dass es grundsätzlich zwei Möglichkeiten gibt: Aggression kann einmal „eng" und zum anderen „weit" definiert werden (M 7).

M 7 ## Aggression

■ „Aggression umfasst jene Verhaltensweisen, mit denen die direkte oder indirekte Schädigung eines Individuums, meist eines Artgenossen intendiert wird." *(Merz)*

■ „Unter aggressiven Verhaltensweisen werden hier solche verstanden, die Individuen oder Sachen aktiv und zielgerichtet schädigen, sie schwächen oder in Angst versetzen." *(Fürntratt)*

■ Aggression besteht in einem gegen einen Organismus oder ein Organismussurrogat gerichteten Austeilen schädigender Reize." *(Selg u.a.)*

■ „Aggression wird hier definiert als eine Handlung, mit der eine Person eine andere Person zu verletzen versucht oder zu verletzen droht, unabhängig davon, was letztlich Ziel dieser Handlung ist." *(Felson)*

■ Mit Aggression „ist jedes Verhalten gemeint, das im Wesentlichen das Gegenteil von Passivität und Zurückhaltung darstellt." *(Bach u. Goldberg)*

■ „Als Aggression gilt (…) alles, was durch Aktivität – zunächst durch Muskelaktivität – eine innere Spannung aufzulösen sucht." *(Mitscherlich)*

■ „Aggression ist jene dem Menschen innewohnende Disposition und Energie, die sich ursprünglich in Aktivität und später in den verschiedensten individuellen und kollektiven, sozial gelernten und sozial vermittelten Formen von Selbstbehauptung bis zur Grausamkeit ausdrückt." *(Hacker)*

(Zitiert nach: Nolting, Hans-Peter: Lernfall Aggression. Wie sie entsteht – wie sie zu vermeiden ist. Ein Überblick mit Praxisschwerpunkt Alltag und Erziehung, vollst. überarb. Neuausgabe, Reinbek b. Hamburg 1998, S. 22-24)

Fragen: Welche dieser Definitionen beschreiben einen engen, welche einen weiten Begriff von Aggression? Welche umfassen die zugespitzten Thesen und Inhalte beim Stammtischgespräch? Welche treffen auf die Verhaltensweisen beim Propagieren von Stammtischparolen zu?

Beim Stammtisch kann sich Aggression in vierfacher Weise äußern:

■ in der Wertung (z.B. feindselige Stellungnahmen, inhumane Äußerungen, Verächtlichmachung, Lächerlichmachen, Diskriminierung);

■ im Verhalten (z.B. Blicke, Gesten, Drohgebärden, körperliche Dominanz demonstrieren, jemanden überhören, missachten);

■ in der Beziehung (z.B. Koalitionen mit Gesprächspartnern aufbauen, Versuche, andere in die Enge zu treiben, Unterwerfungsabsichten);

■ in der Rhetorik (z.B. Lautstärke, Wahl eines aussagekräftigen Tonfalls, Killerphrasen [I 6, S. 28], Zynismus).

Im Gespräch kann nun noch einmal rekapituliert werden, welche unterschiedlichen Überlegungen/Theorien es gibt, die das Zustandekommen von Aggression erklären (I 17). Diese Ansätze sind untereinander widersprüchlich; für die produktive Bewältigung von Aggression bieten sie diverse, mitunter voneinander stark abweichende Möglichkeiten an.

▌17▐ Entstehen von Aggression

Es gibt drei wesentliche theoretische Erklärungsmuster zum Entstehen von Aggression:

1. Triebtheorien

■ Vertreter: Psychoanalyse (S. Freud) und Verhaltensforschung *(K. Lorenz)*.

■ Aggression ist angeboren und als Trieb in der Natur des Menschen angelegt.

■ Alle Menschen handeln daher in bestimmten Abständen und Situationen aggressiv.

■ Wenn sich der Aggressionstrieb aufstaut, kann es zu einer spontanen, unkontrollierten Entladung kommen.

■ Findet aggressives Verhalten kein Ventil, dann wachsen der entsprechende Druck und die Bereitschaft, die Aggression auszuleben.

■ Aggression kann in Bahnen gelenkt werden (durch innere und äußere Instanzen), in denen sie relativ unschädlich verläuft; sie kann aber nie beseitigt werden.

2. Frustrations-Aggressionstheorie

■ Vertreter: Wissenschaftler der Yale-Universität *(J. Dollard u.a.)*.

■ Aggression ist eine Reaktion auf, eine Folge von Frustration (Enttäuschung, negative Erfahrung, Hindernis, Entbehrung, Provokation).

■ Je stärker die Frustration ist, desto stärker ist auch die Aggression.

■ Nicht jede Frustration muss gleich in Aggression umschlagen (Umleitung durch entschärfende Bewertung des Frustrationserlebnisses, Ersatzhandlungen u.Ä.).

3. Lerntheorie

■ Vertreter: Behaviorismus *(B. F. Skinner)*, Lerntheorie *(A. Bandura u.a.)*.

■ Aggressives Verhalten wird durch Konditionierung oder Erlernen, also im sozialen Umgang erworben.

■ Es wird eingesetzt, weil man – meist früh – gelernt hat, dass aggressives Verhalten zu einem Erfolg führt (Lernen am Modell).

■ Je häufiger der Erfolg einer Aggression eintritt, desto häufiger wird sie auch eingesetzt.

■ Aggressives Verhalten, das erfolgreich war und/oder nicht von der Umwelt missbilligt wurde, verstärkt und verfestigt weiteres aggressives Verhalten.

■ Führt aggressives Verhalten nicht zum Ziel, wird es sozial nicht bekräftigt oder wird es negativ sanktioniert, erweist es sich als erfolglos, dann kann dieses Verhalten „gelöscht" werden.

Fragen: Wie sind diesen jeweiligen Theorien zufolge aggressive Äußerungen und Parolen zu bewerten? Welche Gegenmittel sind – auch in einer Stammtischsituation – denkbar?

6.3 Autoritarismus (A)

Wird die Welt in Schablonen und Schwarz-Weiß-Kategorien eingeteilt, liegt das Denken in der Dimension „wir oben – die unten" nahe. Aggressive Äußerungen gegen Andersdenkende, Andersaussehende, Anderslebende beruhen zudem meist auf der Überzeugung, dass das eigene Weltbild das unbezweifelbar richtige sei.

Daher ist es notwendig, sich mit Wirkung und Merkmalen autoritären Verhaltens zu beschäftigen. Dazu werden zwei bekannte wissenschaftliche Untersuchungen vorgestellt: das Milgram-Experiment (I 18, I 19) und Adornos Studien zum autoritären Charakter (I 20 u. M 8).

18   Das Milgram-Experiment

Stanley Milgram, in Yale und Harvard lehrender Sozialpsychologe, führte Anfang der 60er Jahre ein Experiment durch, mit dem er Auskünfte über die Gehorsamsbereitschaft von Menschen erhalten wollte.

Mit einer Zeitungsannonce suchte er Personen, die bereit waren, an einer wissenschaftlichen Untersuchung über Gedächtnisleistung mitzuwirken. Den weiteren Verlauf beschreibt Milgram wie folgt: „Das Experiment wurde in dem eleganten Laboratorium für zwischenmenschliche Beziehungen der Yale-Universität durchgeführt. Dieser Umstand ist für die von den Versuchspersonen angenommene Legitimität des Experiments von Bedeutung. (…) Die Rolle des Versuchsleiters spielte ein 31 Jahre alter Biologielehrer einer Highschool. Während des gesamten Experiments verhielt er sich leidenschaftlos, seine Erscheinung wirkte ein wenig streng. Er trug den grauen Kittel eines Technikers. Das ‚Opfer‘ spielte ein siebenundvierzigjähriger Buchhalter, der für diese Rolle ausgebildet worden war. (…) In jedem Experiment gab es eine uneingeweihte Versuchsperson und das ‚Opfer‘. Bei der Verlosung wurde natürlich gemogelt, damit die Versuchsperson immer Lehrer, der Helfer immer Schüler wurde. (…) Sofort nach der Verlosung wurden Lehrer und Schüler in einen Nebenraum gebracht, wo der Schüler an eine an einen ‚elektrischen Stuhl‘ erinnernde Apparatur gefesselt wurde."

Dieser Apparat, ein Schockgenerator, hatte Kippschalter, die von 15 bis 450 Volt reichten. Eine Beschriftung zeigte, was das jeweils bedeutete („Leichter Schock" bis hin zu „Gefahr: Bedrohlicher Schock"). Der „Schüler" erhielt eine Lernaufgabe. Bei jeder falschen Antwort sollte ihm der

„Lehrer" einen Schock verabreichen. Es ging jeweils um 15 Volt weiter. (Selbstverständlich erhielt der „Schüler" keinen wirklichen Schock, er simulierte nur.)

Bei einem eventuellen Zögern, einen weiteren elektrischen Schock zu verabreichen, wies der Versuchsleiter bündig und streng auf die Notwendigkeit hin, diese „wissenschaftliche Untersuchung" konsequent durchzuführen.

Das Experiment hatte vier Varianten:

1. Fernraum (das Opfer [„Schüler"] saß im Nebenzimmer, von ihm waren keine mündlichen Beschwerden zu vernehmen);

2. akustische Rückkopplung (Proteste und Beschwerden konnten deutlich gehört werden);

Kurt Halbritter, Jeder hat das Recht. Carl Hanser Verlag 1976

*„Wir haben schwerere Zeiten in unserer Jugend
durchgemacht als diese Rotzjungen
und sind auch keine Anarchisten geworden"*

3. Raumnähe (das Opfer saß im selben Raum, war sicht- und hörbar);

4. Berührungsnähe (die Versuchsperson musste dem Opfer die Hand auf eine Schockplatte legen).

Diese vier Experimente wurden jeweils mit 40 erwachsenen Versuchspersonen durchgeführt. Bis zur Endstufe von 450 Volt – ein sehr gefährlicher Schock für das Opfer – gingen bei Experiment eins 65,0%, bei Experiment zwei 62,5%, bei Experiment drei 40,0% und bei Experiment vier 30,0% der Versuchspersonen.

(Milgram, Stanley: Das Milgram-Experiment. Zur Gehorsamsbereitschaft gegenüber Autoritäten, Reinbek b. Hamburg 1982, S. 30-42, 50f.)

Frage: Gibt es aus diesem Experiment Erkenntnisse, die für eine Auseinandersetzung mit Stammtischparolen nützlich sind?

Eine Antwort kann in Milgrams Erkenntnis liegen, dass es nicht nur Aggressionen sind, die Menschen veranlassen, sich unmenschlich zu verhalten. Auch die Bereitschaft, sich Autoritäten zu unterwerfen, kann zu inhumanem Verhalten führen. Und selbsternannte Autoritäten treten auch – und gerade! – an Stammtischen auf. Was diese Autoritäten besonders gefährlich machen kann, ist, dass sie oft als selbst ernannte Sprecher großer Ideen und Systeme daherkommen (die „Ordnung", das „Volk", das „Abendland", die „Zivilisation" …).

19 Autorität und Unmenschlichkeit

„Das Verhalten, das sich bei den hier berichteten Experimenten zeigte, ist ganz normales menschliches Verhalten. Allerdings wird es unter Bedingungen an den Tag geholt, die besonders deutlich die Gefahren, die in uns Menschen angelegt sind, für das Überleben der Menschheit aufzeigen. Was haben wir nun gefunden? Nicht Aggression, denn die Menschen, die dem Opfer Schocks versetzten, empfanden keinen Zorn, keine Rachsucht und keinen Hass. Menschen werden zornig; sie handeln hasserfüllt und platzen vor Wut gegen andere. Doch nicht in unserem Fall. Etwas weitaus Gefährlicheres kommt ans Licht: die Fähigkeit des Menschen, seine Menschlichkeit abzustreifen, ja geradezu die Unvermeidlichkeit, dass er das tut, wenn er seine individuelle Persönlichkeit mit übergeordneten institutionellen Strukturen verbindet. (...)

Jeder Mensch hat ein Gewissen, das mehr oder weniger dazu beiträgt, die Triebbefriedigung, die anderen Schaden zufügt, zu verhindern. Doch wenn der Mensch seine Person in eine Organisationsstruktur einbringt, tritt an die Stelle des autonomen Menschen ein neues Wesen, das von seinen individuellen Moralvorstellungen nicht mehr eingeschränkt ist, das von der Behinderung durch Gebote der Menschlichkeit befreit ist und nur auf die Sanktionen seitens der Autorität achtet."

(Milgram, a.a.O., S. 216)

Übrigens wurde das Milgram-Experiment auch in Deutschland durchgeführt – mit einem ähnlichen Ergebnis. Darüber gibt es einen Film: „Abraham – ein Versuch" (1970); er kann in einigen Landeszentralen für politische Bildung sowie in Bildstellen bzw. Medienzentralen ausgeliehen werden.

Wie ein autoritäres Weltbild zusammengesetzt ist und mit Katagorien präzise beschrieben werden kann, zeigt die Untersuchung von Theodor W. Adorno u.a. über den autoritären Charakter. Sie bietet einen Aufschluss über rigides Denken und Verhalten, wie es auch in den Stammtischparolen zum Ausdruck kommt.

Adorno: Studien zum autoritären Charakter

20

Das Frankfurter Institut für Sozialforschung, dessen berühmteste Vertreter Max Horkheimer und Theodor W. Adorno waren, emigrierte in der NS-Zeit in die Vereinigten Staaten. In Kalifornien wurde die kritische gesellschaftstheoretische Arbeit des Instituts fortgeführt. Es wurde vom American Jewish Comitteee mit der Untersuchung der Frage beauftragt, ob der in Deutschland zu Tage getretene Antisemitismus auch in den USA denkbar sei. Theodor W. Adorno führte in den vierziger Jahren mit einigen Mitarbeitern entsprechende Untersuchungen mit der Absicht durch, das Potenzial in der Bevölkerung der Vereinigten Staaten zu ermitteln, das in Krisenzeiten einer ähnlichen Bewegung wie der NSDAP folgen würde. Dabei wurden etliche hundert Personen nach ihren Einstellungen und Meinungen zu Alltag, Familie, Sexualität, Kindererziehung etc. befragt. Nach umfangreichen und intensiven Explorationen konnte bei den Befragten, bei denen aggressive, rassistische und antisemitische Vorurteile festgestellt wurden, ein Konzept eines autoritätsgebundenen Charakters erkannt und mit differenzierten Kriterien kategorisiert und beschrieben werden. Entwickelt wurde die sogenannte F-Skala (F = Faschismus), ein Untersuchungsinstrument zur Messung präfaschistischer Tendenzen von Menschen. Die F-Skala präzisiert mit neun Variablen das Denkmuster einer autoritär eingestellten Person, sie ist zum sozialwissenschaftlichen „Klassiker" geworden.

(Literatur: Adorno, Theodor W.: Studien zum autoritären Charakter, Frankfurt/M. 1973)

M 8

F-Skala
(Variablen mit Definitionen)

a) Konventionalismus. Starre Bindung an die konventionellen Werte des Mittelstandes.

b) Autoritäre Unterwürfigkeit. Unkritische Unterwerfung unter idealisierte Autoritäten der Eigengruppe.

c) Autoritäre Aggression. Tendenz, nach Menschen Ausschau zu halten, die konventionelle Werte missachten, um sie verurteilen, ablehnen und bestrafen zu können.

d) Anti-Intrazeption. Abwehr des Subjektiven, des Phantasievollen, Sensiblen.

e) Aberglaube und Stereotypie. Glaube an die mystische Bestimmung des eigenen Schicksals; die Disposition, in rigiden Kategorien zu denken.

f) Machtdenken und „Kraftmeierei". Denken in Dimensionen wie Herrschaft – Unterwerfung, stark – schwach, Führer – Gefolgschaft; Identifizierung mit Machtgestalten; Überbetonung der konventionalisierten Attribute des Ich; übertriebene Zurschaustellung von Stärke und Robustheit.

g) Destruktivität und Zynismus. Allgemeine Feindseligkeit, Diffamierung des Menschlichen.

h) Projektivität. Disposition, an wüste und gefährliche Vorgänge in der Welt zu glauben; die Projektion unbewusster Triebimpulse auf die Außenwelt.

i) Sexualität. Übertriebene Beschäftigung mit sexuellen „Vorgängen".

(Adorno, a.a.O., S. 45)

ERKLÄRUNG DER BEGRIFFE:

konventionell: herkömmlich, **Autorität:** einflussreiche, maßgebende Persönlichkeit, **Intrazeption:** im übertragenen Sinn „Einnahme" ins Innere, **Stereotypie:** wiederholtes Muster, immer wiederkehrende Einstellungen, **mystisch:** geheimnisvoll, dunkel, **Disposition:** Anlage zu einer immer wieder durchbrechenden Eigenschaft, **rigide:** steif, starr, unflexibel, **Destruktivität:** zerstörerisches, bösartiges Verhalten, **Zynismus:** verletzend-bissige Haltung/Einstellung, **Diffamierung:** Verleumdung, **Projektion:** das Übertragen von eigenen Gefühlen, Wünschen, Vorstellungen o.Ä. auf andere als Abwehrmechanismus

---

Adorno hat die F-Skala mit Hilfe eines Fragbogens ermittelt, wobei die Zustimmung zu einer Reihe von Sätzen getestet wurde. Hier die Variablen der F-Skala mit jeweils typischen, sie kennzeichnenden Sätzen:

a) Konventionalismus: „Gehorsam und Respekt gegenüber der Autorität sind die wichtigsten Tugenden, die Kinder lernen sollen."

b) Autoritäre Unterwürfigkeit: „Was dieses Land vor allem braucht, mehr als Gesetze und politische Programme, sind ein paar mutige, unermüdliche, selbstlose Führer, denen das Volk vertrauen kann."

c) Autoritäre Aggression: „Sittlichkeitsverbrechen, wie Vergewaltigung und Notzucht an Kindern, verdienen mehr als bloße Gefängnisstrafe; solche Verbrecher sollten öffentlich ausgepeitscht und noch härter bestraft werden."

d) Anti-Intrazeption: „Der Geschäftsmann und der Fabrikant sind viel wichtiger für die Gesellschaft als der Künstler und der Professor."

e) Aberglaube und Stereotypie: „Kriege und soziale Unruhen werden wahrscheinlich eines Tages durch ein Erdbeben oder eine Flutkatastrophe beendet werden, welche die Welt vernichtet."

f) Macht und Robustheit: „Weder Schwäche noch Schwierigkeiten können uns zurückhalten, wenn wir genug Willenskraft haben."

g) Destruktivität und Zynismus: „Es wird immer Kriege und Konflikte geben, die Menschen sind nun einmal so."

h) Projektivität: „Die meisten Menschen erkennen nicht, in welchem Ausmaß unser Leben durch Verschwörungen bestimmt wird, die im Geheimen ausgeheckt werden."

i) Sexualität: „Die sexuellen Ausschweifungen der alten Griechen und Römer waren ein Kinderspiel im Vergleich zu gewissen Vorgängen bei uns, sogar in Kreisen, von denen man es am wenigsten erwarten würde."

(Adorno, a.a.O., S. 81-84)

Die Parallele zu den Stammtischparolen liegt auf der Hand, und damit ist eine Bewertung derselben erlaubt: Zwar ist bestimmt nicht jeder, der hin und wieder einen strammen Spruch von sich gibt, auch gleich ein Rassist, Antisemit oder Rechtsextremist. Wer aber ständig unreflektiert und in aggressiver Art und Weise solche rigiden Parolen verkündet, neigt zu einem autoritären Charakter und muß sich fragen lassen (bzw. selbstkritisch fragen), wie anfällig er/sie für menschenverachtende Ideologien und totalitäre Politik ist.

Die Teilnehmer/Teilnehmerinnen aktualisieren die F-Skala, indem sie den Variablen typische Sätze aus dem Bestand gegenwärtiger Parolen zuordnen.

Suchen Sie nach Aussagen und Sprüchen im Alltag, die in die neun Variablen der F-Skala passen.

7. Sind Stammtisch- parolen gefährlich? (A)

Hinter Stammtischparolen stehen oft vorurteilsbehaftete Weltdeutungen, aggressive Verhaltensweisen und Potentiale sowie die Neigung zum autoritären Charakter.

Nun kann sicherlich die Position vertreten werden, dass es noch ein weiter Weg ist vom Äußern harter Parolen hin zu aggressiven, fremdenfeindlichen oder militanten Taten. Vielleicht, so könnte man mutmaßen, haben solche Parolen und die Gelegenheit, sie loszuwerden, auch einen Entlastungseffekt. Sie könnten eine Art Katharsis (= Reinigung) bewirken: eine Befreiung von Impulsen, Spannungen und Energien – nicht unbedingt in einer sehr zivilisierten, aber dennoch weitestgehend unschädlichen Weise. Vielleicht geht er/sie friedlich und entspannt nach Hause, wenn im Kreise von Gleichgesinnten der Dampf abgelassen ist.

Einer solchen Einschätzung stehen allerdings wichtige Einwände entgegen:

1. Es ist nicht unbedingt ein Beleg für die demokratische Kultur einer Gesellschaft, wenn in ihren Nischen dumpfe Ressentiments geäußert werden.

2. Der gruppendynamische Faktor spielt eine wesentliche Rolle: Stammtischparolen-Verkünder bestärken und verstärken einander, „ziehen sich gemeinsam hoch".

3. Die „Katharsis-Theorie" ist Spekulation – das Gegenteil ist genauso plausibel: Wer „A" sagt, will auch, dass „B" Wirklichkeit wird.

4. Die Parolen können demagogisch aufgeladen und politisch genutzt werden.

5. Die Parolen sind einerseits Deutungsversuche
   Einzelner, um ihren Alltag bewältigen zu können,
   doch sie bilden andererseits auch die Substanz
   für menschenverachtende politische Ideologien
   (= „Herrschaft des Vorurteils", s. I 16, S. 63) und
   Programme.

Ein Leserbrief

M 9

„Trotz des Datums (RP 1.4.98) habe ich mit Entsetzen
gelesen, dass Herr Minister Kniola (ehemaliger Innen-
minister von Nordrhein-Westfalen) Ausländer in Nordrhein-Westfalen zu Polizisten macht. Dabei handelt es
sich nicht etwa um Angehörige der EU oder um solche
aus dem übrigen Europa, sondern es sind dabei Schat-
tierungen, die ich jedenfalls nicht von denen unterschei-
den kann, die unsere öffentlichen Einrichtungen, unsere
Innenstädte unsicher machen. Durch Herr Kniolas Maß-
nahme wird die Unsicherheit im Lande weiter wachsen."

Prof. Dr. H. S. (Rheinische Post v. 11.4.98)

Ein Flugblatt

M 10

„Deutsche,

es rumort in unserem Land, der Abschaum der Menschheit nimmt überhand, wenn es so weiter geht wie bisher.
Er kommt zu Scharen in unser Vaterland, erdreistet sich
Frechheiten, als wäre er hier
zu Hause. Er bringt uns
Krankheiten und Ungeziefer
ins Land. Wie viel Häuser
mussten schon von teuren
Firmen gereinigt werden, gereinigt von Kakerlaken, die
sich wie die Pest vermehren,
und es ist einwandfrei erwiesen, dass jene Kakerlaken
(...) aus der Türkei stammen,
kleine Mitbringsel unserer tür-

Zeichnung: T. Plaßmann

kischen „Freunde". Dieses Türkenpack stiehlt uns die Arbeitsplätze (…). Stinkende Hausflure, mit Türkenkindern überfüllte Spielplätze, der daraus entstehende Lärm, renommierte deutsche Lokale, die in Türkenkneipen verwandelt werden und Auflehnung b.z.w. unerhörte Frechheiten sind der Dank dafür, dass wir sie jetzt hier leben lassen haben. Sind wir ein Türkengenesungsheim?

Wir rufen hiermit zum öffentlichen Widerstand auf!!! (…) Deutschland gehört immer noch uns Deutschen!!! (…)"

(Dieses – hier gekürzt wiedergegebene, – Flugblatt wurde 1990 u.a. in Schulen am Niederrhein gefunden, es ist unterzeichnet von „Führungsstab Neuss-Grevenbroich" und hat als Symbol einen Adler, der ein Hakenkreuz in den Klauen hält.)

M 11 Rechtsextremismus: eine Definition

„Trotz gravierender Unterschiede im Einzelnen lässt sich aus der Literatur ein Merkmalsbündel für R. herausfiltern: Als rechtsextrem kann man Personen, Organisationen, Gruppen bezeichnen, die *autoritäres, antipluralistisches, antiparlamentarisches, zivilisationskritisches und nationalistisches* (bes. *fremdgruppenvorurteilsbehaftetes*) *Gedankengut* vertreten *und* bei denen zu dieser ‚politischen Philosophie' noch ein *rigides, auf Entweder-oder-Dichotomien fixiertes Gedankengut* hinzukommt. Dabei können die einzelnen Merkmale abgestuft sein und/oder untereinander verschieden bewertet und gewichtet werden."

(Gessenharter, Wolfgang: Rechtsextremismus, in: Greiffenhagen, Martin / Greiffenhagen, Sylvia / Prätorius, Rainer [Hrsg.]: Handwörterbuch zur politischen Kultur der Bundesrepublik Deutschland, Opladen 1981, S. 399)

WORTERKLÄRUNG:

Dichotomie: Gegenüberstellung

Fragen:

◼ Was unterscheidet den Leserbrief (M 9) vom Flugblatt (M 10)?

◼ Wo liegen die Gemeinsamkeiten?

■ Inwieweit trifft auf beide die Definition des Rechtsextremismus zu (M 11)?

■ Lässt sich die Definition des Rechtsextremismus umstandslos auf die Stammtischparolen anwenden?

■ Wie und wodurch werden aus den Propagandisten der Parolen handgreifliche Rechtsextreme?

7.1 Der Stammtisch lässt grüßen … (A)

Dass vorurteilsbeladenes Verhalten auch an Stellen zum Ausdruck kommt, an denen man „objektive" Informationen erwartet, zeigt die Gegenüberstellung zweier Pressemeldungen. Zwei Zeitungen berichteten am selben Tag vom selben Ereignis – mit einem erheblichen Unterschied.

Autofahrer stritten sich: Ein Toter

Wiesbaden: Ein Streit zwischen Autofahrern in der Wiesbadener Innenstadt hat einen 45-jährigen Mann das Leben gekostet. Zu der Auseinandersetzung war es gekommen, weil der Sohn des Getöteten und ein 19-jähriger Türke auf einer zugeparkten Straße nicht problemlos aneinander vorbeifahren konnten. Nach einem Streit schlug der Türke zunächst auf den Sohn ein und zerstach die Reifen an dessen Fahrzeug. Der Vater eilte seinem Sohn zu Hilfe und erhielt dabei einen tödlichen Messerstich in die Brust. (Neue Rhein Zeitung v. 30.8.88)

Tödlicher Streit zwischen Autofahrern

Wiesbaden: Ein Streit zwischen Autofahrern in der Wiesbadener Innenstadt hat in der Nacht zum Montag einen 45-jährigen Türken aus Wiesbaden das Leben gekostet.

Zu der Auseinandersetzung war es nach Mitteilung der Polizei gekommen, nachdem der 22-jährige Sohn des Türken und ein 19-jähriger Deutscher gleichzeitig eine freigewordene Parklücke beanspruchten. Dabei habe der

19-jährige, Beifahrer in einem der beiden Fahrzeuge, zunächst auf den Sohn eingeschlagen und die Reifen an dessen Fahrzeug zerstochen.

Der 45-Jährige sei seinem Sohn zu Hilfe geeilt, berichtete die Polizei weiter. Im Verlauf der Auseinandersetzung habe dann der Deutsche dem Türken mit einem Messer in die Brust gestochen. Laut Polizei starb dieser nach kurzer Zeit an den Folgen seiner Verletzung. Der Deutsche sei unmittelbar nach der Tat festgenommen worden.

(Frankfurter Rundschau v. 30.8.88)

Zur Information: Die zweite Meldung ist die richtige, das haben Nachfragen bei beiden Redaktionen sowie bei dem für die Meldung ursprünglich verantwortlichen Pressedienst ergeben.

Bei einer Bewertung dieser frappierenden Umkehrung von Täter und Opfer sei noch einmal an das Experiment Gordon W. Allports (I 14) erinnert. Verdeutlicht das Beispiel, wie tief Vorurteilsstrukturen im Vor- und Unterbewusstsein verankert sind? Oder war es Zufall, dass die NRZ-Redaktion aus einem türkischen Opfer einen türkischen Täter gemacht, Messerstecher und Erstochenen vertauscht hat, wobei durch das Weglassen der Nationalität des Opfers in der Meldung suggeriert wird, es handele sich hierbei um einen Deutschen? Das geschah sicherlich nicht aus einer perfiden Absicht der Zeitungsmacher heraus, aber: So grüßt der Stammtisch sogar dort, wo er eher entlarvt werden sollte.

83

8. Gegenstrategien (A)

Das zentrale Interesse bei einem Argumentations-
training gegen Stammtischparolen gilt natürlich den
Gegenstrategien. Wie verhält man sich in den prekären
Situationen der verbalen Eskalation, der zunehmenden
Gereiztheit und Aggressivität? Gibt es überhaupt
Chancen für Gegenargumente?

Auch – und gerade! – bei dieser bedeutenden Phase des
Trainings ist es wichtig, dass die Gruppe ihre Überlegungen weitestgehend selbstorientiert anstellt. Vom
Moderator/der Moderatorin werden zwar Vorschläge
erwartet, wie man sich sinnvoller- und geschickter-
weise verhalten soll, demzu-
folge sollten Tipps und Hinweise auch gegeben werden.
Aber selbsterprobte und -re-
flektierte Handlungsschritte
sind wirkungsvoller als vorgetragene und angehörte
Maßnahmen.

Nun nehmen uns diese Ausländer auch noch die Stehplätze weg!

Zeichnung: Ronstein

Nachdem die Teilnehmenden
idealerweise drei bis vier
Stammtischsituationen durchgespielt, beobachtet und aus-
gewertet haben, wissen sie
sehr wohl, wo ihre ver-
haltensmäßigen und argu-
mentativen Schwachpunkte
sind und welche Formen der
Erwiderung in Zukunft eine
bessere Aussicht auf Erfolg (und damit Selbstachtung
der Parolengegner) haben könnten. Selbstlernern wird
es ähnlich gehen, wenn sie sich noch einmal das Gesprächsbeispiel (4.3) anschauen bzw. selbst erlebte
Situationen in Erinnerung rufen.

8.1 Was charakterisiert Stammtischparolen? (A)

Die Teilnehmenden schauen sich noch einmal in Ruhe die Plakate mit den von ihnen anfangs zusammengestellten Parolen an. Mit einem Filzstift wird markiert, welche Parolen sich ähneln und inhaltlich zusammenpassen. So entstehen verschiedene Muster und Gruppen dieser Sprüche. Was sie jeweils gemeinsam kennzeichnet, wird dann verbalisiert und für alle sichtbar aufgeschrieben.

Sehen Sie sich noch einmal die im Abschnitt 4.1 wiedergegebenen Parolen an, suchen Sie Gemeinsamkeiten und teilen Sie sie in Gruppen ein. Nehmen Sie sich danach die Kennzeichen von Stammtischparolen (I 21) vor, gehen Sie die Sprüche noch einmal durch und ordnen Sie sie jeweils A-K zu.

Die Erfahrungen aus diversen Trainings haben gezeigt, dass es bei der Zuordnung von Parolen zwar jeweils zu gruppenspezifischen Kategorienbildungen kommt, das gefundene Bild sich aber im Großen und Ganzen sehr ähnelt (I 21).

Kennzeichen von Stammtischparolen

(Ergebnis eines Trainings, von den Teilnehmenden erarbeitet; sprachlich modifiziert vom Verfasser.)

A) Keine oder nur geringe Bereitschaft oder Fähigkeit, demokratische Prinzipien und Regelungen zu akzeptieren bzw. sich mit ihnen zu identifizieren;

B) ein pessimistisches oder negatives Bild von der „Natur" des Menschen und die Neigung, soziale/gesellschaftliche/politische Entwicklungen oder Umstände mit Biologismen oder Psychologismen zu erklären;

C) Relativierung oder gar Verherrlichung des Nationalsozialismus;

D) starres Denken in „Wir"-Gefühlen;

E) Beschönigung, Verklärung oder Glorifizierung des Ist-
Zustandes, der Gegenwart, der eigenen Situation;

F) mangelndes Einfühlungsvermögen in die Probleme
anderer;

G) Diskreditierung und/oder Diskriminierung anderer Le-
bensentwürfe;

H) Besitzstandswahrung;

I) Illiberalität, Demonstration von „Stärke" und „Härte";

J) Unfähigkeit oder mangelnde Bereitschaft, die kompli-
zierten gesellschaftlichen/politischen Zusammenhänge differenziert zu sehen, gegenläufige, gegentei-
lige Informationen aufzunehmen;

K) Sexismus, Verächtlichmachung des Weiblichen, Herun-
terspielen oder Ignorieren frauenspezifischer Fragen
und Probleme, dezidiert „männliche" Sichtweise.

Dieses Kriterienraster, das sich weitgehend mit der von
Adorno ermittelten F-Skala deckt (M 8), gibt eine
Möglichkeit, Stammtischparolen als solche zu erken-
nen und inhaltlich einzuordnen.

Eine weiter gehende Frage ist die nach dem psychologischen Potenzial hinter den Parolen und dem „Nutzen" für diejenigen, die sie vertreten. Hierüber sollten
sich die Teilnehmenden aufgrund der bisherigen
Seminarerfahrungen und der zur Verfügung gestellten
und besprochenen Informationen und Materialien ver-
ständigen. Hierzu kann der Moderator/die Moderatorin
als Einstieg kurz und knapp (drei bis fünf Minuten)
Erklärungsmöglichkeiten anbieten (I 22).

▌22 Was steckt hinter den Stammtischparolen?

■ Sie werden vorzugsweise dann und dort propagiert,
wenn und wo hemmende Barrieren weggefallen sind,

und zwar entweder durch Alkohol und/oder die Verge-
wisserung der Zustimmung durch Gleichgesinnte.

■ Mit und in ihnen artikulieren sich aggressive Potenziale.

■ Sie basieren auf Vorurteilen und selektiven Wahrnehmungen, welche wiederum durch die Verbalisierung be-
wusstseinsmäßig verankert und in ihrer Wirkung aus-
probiert werden.

■ Sie belegen eine Neigung zu autoritären Charakter-
eigenschaften und Verhaltensweisen, sie sind Teil
eines autoritären Persönlichkeitsbildes.

■ Stammtischparolen offenbaren sowohl die Großmacht-
phantasien als auch die Abschottungsbedürfnisse derjenigen, die sie verkünden.

■ Die Propagandisten von Stammtischparolen denken
und reden gigantomanisch (übertreibungssüchtig) daher; gleichzeitig zielen ihre Parolen aber auch auf eng
überschaubare, ab- und eingrenzte sowie abgeriegelte
Verhältnisse.

■ Die Verkünder von Stammtischparolen geben ungewollt Aufschlüsse über ihre Befindlichkeiten:

a) verraten sie, dass sie sich in ihren Lebenssituationen als zu kurz gekommen empfinden,

b) zeigen sie ihre mangelnde innere Souveränität und
Unfähigkeit, mit Diskrepanzen und Widersprüchlich-
keiten leben zu können, und

c) dokumentieren sie – ganz im Gegensatz zu den
markigen Parolen – sehr viel von ihren persönlichen
Ängsten.

■ Die Gefährlichkeit der Parolen liegt darin, dass der
Schritt von der verbalen zur handelnden Aggression
leicht vollzogen werden kann, vor allem wenn ein als
Gesinnungsgemeinschaftsgefühl getarnter Gruppen-
druck erzeugt wird.

■ Stammtischparolen können demagogisch aufgeladen
und aktionistisch umgesetzt werden.

■ Stammtischparolen haben eine Mobilisierungs- und Instrumentalisierungsfunktion für Personen und Gruppen, die daran ein Interesse haben.

■ Die Wirkung kann eine Eskalationskette sein: Vorurteil – abfällige Äußerung – aggressive Gereiztheit – Hass – individuelle Gewalttätigkeit – kollektive Gewalt – Pogrom.

■ Die „Objekte", auf die sich die Vorurteile richten, sind zahlreich und prinzipiell austauschbar: Juden, Schwarze, Türken, Asylbewerber, Homosexuelle, „linke Zecken", Feministinnen, Arbeitslose, Behinderte, Alte … Jeder/jede kann Ziel und Opfer dieser Parolen und ihrer physischen Auswirkungen werden.

8.2 Was tun bei Stammtischparolen? (A)

Bevor praktische Folgerungen angestellt werden, welches Verhalten bei einer Konfrontation mit aggressiven Parolen sinnvoll ist, soll auf die bedenkenswerte Erkenntnis von Leon Festinger verwiesen werden: die „Theorie der kognitiven Dissonanz". Mit dieser Theorie wird der psychologische Hintergrund für die Hartnäckigkeit von Stammtischparolen erklärbar. Dabei sollen die insgesamt vielschichtigen Aspekte von Festingers Theorie auf den hier interessierenden Zusammenhang konzentriert werden (I 23).

23 ### Theorie der kognitiven Dissonanz

Leon Festinger hat über zwanzig Jahre hinweg (von 1956 bis 1976) theoretisch und empirisch an der Frage gearbeitet, wie Menschen mit Dissonanzen, also Unstimmigkeiten oder auch Frustrationen umgehen, die aufgrund von Informationen entstehen, die mit eigenen Meinungen nicht übereinstimmen. Eine der eigenen Erkenntnis widersprechende Nachricht oder Argumentation bewirkt eine kognitive Dissonanz.

Eine Dissonanz ist „psychologisch unangenehm", sie erzeugt einen Druck. Daher wird eine Person bestrebt sein, sie zu reduzieren. Das kann dadurch geschehen, dass sie versucht, „aktiv Situationen und Informationen (zu) vermeiden, die möglicherweise die Dissonanz erhöhen könnten". Oder die Person sucht konsequent nach Informationen, die mit der eigenen Haltung oder Meinung konstistent (stimmig) sind. Personen, die meine eigene Meinung nicht akzeptieren, „stellen (…) eine potenzielle Quelle für Dissonanz" dar.

Wie Festinger herausgefunden hat, gibt es eine Reihe von Strategien, um Dissonanz zu vermeinden: „Besteht Dissonanz, so werden Personen imstande sein, sich dem Einfluss der dissonanzverstärkenden Information, auch wenn sie ihnen forcierterweise ausgesetzt sind, durch verschiedene Mittel, wie z.B. Fehlwahrnehmung, Infragestellung ihrer Gültigkeit und dergleichen, zu entziehen."

„Mit Sicherheit" entsteht eine kognitive Dissonanz, wenn in einer Gruppe über Streitfragen und Ansichten unterschiedliche Meinungen herrschen. Wie stark dieses spannungsvolle Gefühl der Unstimmigkeit ist, hängt auch davon ab, wie groß die Anzahl derjenigen ist, von denen man weiß, dass sie mit der selbst vertretenen Meinung übereinstimmen. Sind es viele, ist die Stärke der Dissonanz relativ gering. Auch „die Attraktivität der Person, mit welcher Nichtübereinstimmung besteht, oder die der Gruppe, in der sie geäußert wird", beeinflussen die Stärke der Dissonanz. Daher wird „eine Person bei Vorhandensein von Dissonanz häufig versuchen (…), für die Meinung, die sie beizubehalten wünscht, soziale Unterstützung zu erhalten." Erhält sie diese, „wird die Dissonanz entscheidend reduziert und vielleicht sogar beseitigt".

(Festinger, Leon: Theorie der kognitiven Dissonanz, Bern, Stuttgart u. Wien 1978)

Fragen: Inwieweit bietet Festingers Theorie der kognitiven Dissonanz Erklärungen für die Starrheit von aggressiven und rigiden Meinungen? (Mögliche Antwort: Je starrer und abgeschotteter eine Meinung ist, desto weniger kann sie erschüttert und dissonant werden.)

Welche Chancen gibt es nach Festingers Theorie, Parolen zu erschüttern bzw. in Frage zu stellen? (Mögliche Antworten: 1. schlechte – zumindest wenn versucht wird, sie mit gegenteiligen Informationen zu konfrontieren, 2. weniger schlechte bzw. bessere – wenn es gelingt, die soziale Unterstützung des Parolenverkünders gering zu halten.)

 10

Jedes Argumentationstraining gegen Stammtischparolen sollte sich gegen Ende intensiv mit der Frage nach plausiblen und sinnvollen Verhaltensweisen und Gegenstrategien beschäftigen. Welcher Umgang ist bei einer Auseinandersetzung mit hart geäußerten Parolen zu empfehlen? Die Teilnehmer und Teilnehmerinnen beziehen sich nun auf ihre Erfahrungen und Erkenntnisse nach drei bis vier Rollenspielen. Zunächst werden in einem Brainstorming mögliche Verhaltensweisen in prekären Situationen gesammelt und für alle sichtbar aufgeschrieben, dann findet in der Gruppe eine Verständigung über diese Vorschläge statt. Diese werden geordnet und gruppiert; anschließend werden sie in einer Reihe von Merksätzen neu formuliert. Das so zustande gekommene Ergebnis soll für die Alltagssituationen handlungsleitend sein (I 24).

24 Welches Verhalten ist zu empfehlen?

■ Einsicht in die eigene Situation: In der Konfrontation mit Stammtischparolen ist immer der/die in der Defensive, der/die sich davon abgrenzen will.

■ Es ist ausgesprochen schwierig, Gegenargumente zu vertreten, denn: im Gegensatz zu den zugespitzten Schlagworten und Parolen sind die dahinter stehenden Themen umfangreich, komplex und differenziert. Daher gibt es auf Parolen so gut wie keine Gegenparolen (zumal es nicht das Ziel sein kann, den Stammtisch zu variieren).

- Die Ebenen sind gegensätzlich: Emotionalität vs. Rationalität, Eindimensionalität vs. Komplexität.

- Logik und direktes Nachfragen können wirkungsvolle Gegenstrategien sein.

- Zu bezweifeln ist die Überzeugungskraft von zutreffenden Informationen, denn aufgrund der kognitiven Dissonanz, die sie erzeugen, werden sie nicht wahrgenommen, sondern einfach „umgedreht" und passend gemacht.

- Belehrung schafft Abwehr.

- Pathetisch oder moralisierend vorgetragene Gegenpositionen provozieren Widerstand.

- Humor entspannt; ohne billig zu sein, kann der eine oder andere heitere Akzent (ein passender Witz, eine Portion Selbstironie) das Klima mildern.

- Im Gespräch sollten die Lebensumstände der Kontrahenten mit berücksichtigt und beachtet werden. Vieles erklärt sich daraus, mancher Schaden kann vermieden werden, wenn man beispielsweise weiß, dass das Problem den anderen gerade direkt und unmittelbar betrifft.

- Jede Form von Überheblichkeit muss vermieden werden.

- Beim Gespräch sollte immer nur eine Argumentationslinie bzw. eine Bewertungsebene durchgespielt werden, anschließend eine andere.

- Leise reden ist oft wirkungsvoller als der Versuch, andere mit Lautstärke zu übertönen. Denn die Aufmerksamkeit kann größer werden, wenn man die Stimme senkt oder sich um einen ruhigen Tonfall bemüht.

- Die Körpersprache spielt eine wichtige Rolle, z.B.: Wer sich nach vorne beugt, macht sich entweder klein, oder er/sie will den Gegenübersitzenden „herüberziehen". Wer die Arme verschränkt, hat möglicherweise Angst, blockiert, wehrt ab, lässt nichts an sich heran. Wer sich weit nach hinten lehnt und die Beine ausstreckt, signalisiert Überlegenheit. Die Hand auf dem Arm eines anderen zeigt Zusammengehörigkeitsgefühl etc. Sie kann auch ein Hinweis darauf sein, dass man versucht, jemanden für sich einzunehmen.

▪ Wichtig ist es, auf Kooperationspartner zu achten, denn erstens braucht man sie selbst und zweitens unterstützt Kooperation die eigene Überzeugungskraft. Einen potenziellen, aber sich schweigend verhaltenden Kooperationspartner kann man durchaus ansprechen, um ihn einzubinden („Was meinst du dazu?", „Hattest du nicht damals auch…?")

▪ Entscheidender als der Widersacher sind die Unentschiedenen und Indifferenten – sie können eher überzeugt werden.

Versuchen Sie, sich nach den Empfehlungen von I 24 in eine Ihnen bekannte Gesprächssituation hineinzuversetzen: Was ist damals gut, was schief gelaufen? Was hätten Sie anders gestalten sollen und können? Welche der empfohlenen Umgangsformen/Verhaltensweisen wollen Sie in Zukunft besonders beachten?

Das nachstehende Bild ist eine fast schon „klassisch" gewordene Karikatur, mit der die Zusammensetzung einer Seminargruppe charakterisiert werden soll. Eine so ironisch dargestellte Teilnehmerschaft kann sich auch an einem Stammtisch versammeln. Überlegt werden soll, bei welchem der abgebildeten Typen es sich um Erika, Gabi, Hans, Kurt, Monika oder Willi in unsererem oben wiedergegebenem Gesprächsbeispiel handeln könnte (Abschnitt 4).

Seminarteilnehmer – Gesprächsteilnehmer

Streitsüchtige	Alleswisser		Schüchterne		Dickfellige	Ausfrager
		Redselige		Ablehnende		
Positive					Erhabene	

Nicht-aggressive Reaktionen auf Provokationen

Welche Mittel in einer aggressiven und provokanten Situation zur Verfügung stehen, beschreibt Hans-Peter Nolting:

„Auch bei Angriffen, Belästigungen, Obstruktionen und sonstigen Provokationen sind (…) nicht-aggressive Reaktionen möglich. Je nach Einzelfall können das unter anderem sein:

■ Entschärfende Bewertung des aversiven Verhaltens (‚X steht wohl mal wieder unter Stress');

■ bewusstes Ignorieren der Provokation;

■ Aufforderung, Fragen oder Argumente an den Provokateur;

■ Mitteilen eigener Gefühle (sog. Ich-Botschaften);

■ Akzeptieren der Provokation, Selbsttadel;

■ Rückzug- bzw. Flucht."

(Nolting, Hans-Peter: Lernfall Aggression, a.a.O., S. 74f.)

Diese Reaktionsformen sind auch in der Stammtisch-situation denkbar, wobei allerdings die beiden letztge-nannten Varianten nicht in Betracht kommen sollten.

8.3 Subversives Argumentieren und Ironie (A)

25 Wie man mit Fundamentalisten diskutiert

Man soll sich bei allen Bemühungen, aggressiven Parolen zu widersprechen, auch darüber im Klaren sein, dass dies nur sehr begrenzt möglich sein wird. Denn, so fragt der Philosoph Hubert Schleichert: „Wie kann man mit jeman-dem in eine Argumentation eintreten, wie kann man gegen jemandes Wesen argumentieren, wenn man mit ihm in den fundamentalen Prinzipien nicht überein-stimmt?" Die Frage ist berechtigt, denn: „Fanatismus ist das Gegenteil von Toleranz. (…) Wie soll man dagegen mit bloßen Worten angehen?" Schleichert schlägt als eine mögliche Strategie das „subversive Argumentieren" vor. Damit meint er, dass man fanatische Ideologien durchaus „erschüttern, unterminieren, untergraben" könne. Der „Aufklärer" soll dabei die „Probleme, Seltsamkeiten, Abs-trusitäten" einer Ideologie benennen und alternative Denkmöglichkeiten aufzeigen. „Das subversive Vorgehen lockert psychische Verspannungen und Fixierungen. Es legt nahe, dass die Dinge vielleicht auch anders sein oder anders gesehen werden können, es hebt die Verengung des Blickes auf. Es schärft den Blick für die Folgen einer Ideologie, es lehrt Ideologie von außen zu betrachten, es zeigt, wie man oft einfache Erklärungen an die Stelle von Wundern und Mythen setzen kann, und vor allem, es nennt Unmenschlichkeit beim Namen, statt sie mit einem religiösen oder ideologischen Schleier zu über-decken".

(Schleichert, Hubert: Wie man mit Fundamentalisten diskutiert, ohne den Verstand zu verlieren. Anleitung zum subversiven Denken, München 1997)

Das klingt zwar beeindruckend, bleibt aber noch recht abstrakt. Deswegen soll der Versuch unternommen werden, das „subversive Argumentieren" auszuprobieren. Versuchen wir es mit dem Gespräch (vgl. Abschnitt 4.3) über die Parole „Wir haben zu viele Ausländer hier".

Fragen, die auf *Probleme* bei dieser Position aufmerksam machen, könnten sein: Was passierte, wenn wir weniger Ausländer hier hätten? Wer würde den Müll wegräumen? Wer misst mit welchen Mitteln, ab wann die Ausländer „zu viele" sind? Was geschieht, wenn unsere Wirtschaft plötzlich boomt, und wir zu wenige Arbeitskräfte haben?

Fragen, die auf *Seltsamkeiten* hinweisen: Sind die in den Grenzbereichen lebenden Dänen, Holländer, Belgier, Franzosen, Österreicher auch Ausländer? Sollte man protestieren, dass zu viele Ausländer hier sind, wenn der Spezialist, der an einem eine lebensnotwendige Operation durchführt, aus Griechenland kommt?

Fragen, die *Abstrusitäten* belegen: Wie viele echte Münchener spielen noch beim FC Bayern München? Träfe – aus Sicht der jeweiligen Einheimischen – die Parole, es seien zu viele Ausländer da, auch auf Deutsche zu, die auf Mallorca ein Haus besitzen oder in der Steueroase Monaco leben? Wie wirkt diese Behauptung angesichts der Cartoons S. 96/97?

M 16 Cartoons (1)

Cartoons (2)

WO MAN HINGUCKT… …ÜBERALL AUSLÄNDER

IM AUSLAND SOLL ES NOCH SCHLIMMER SEIN!

DU SCHWARZ

ICH WEISS

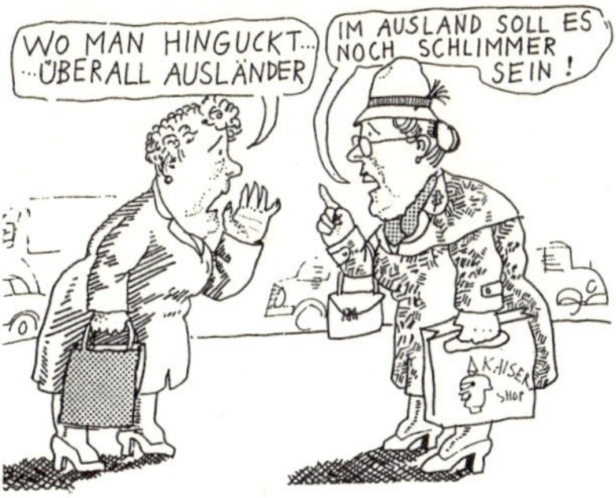

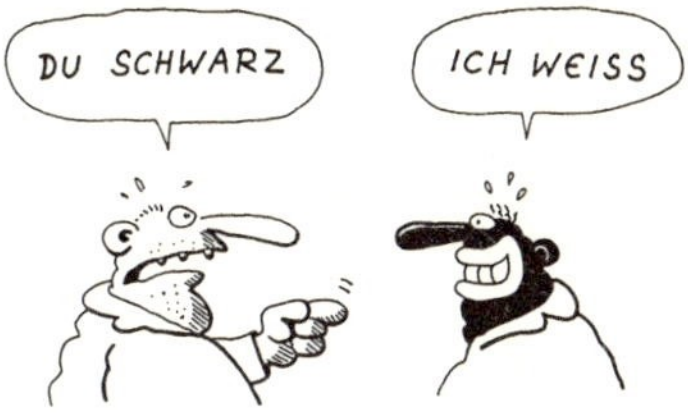

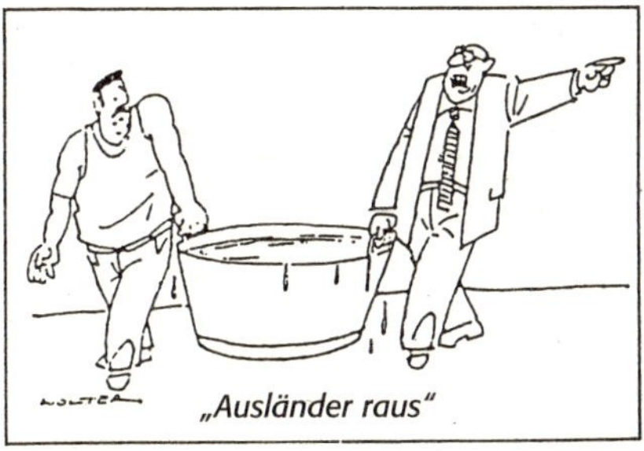

„Ausländer raus"

Wolter-Karikatur

Typisch Ausländer – haben keine Lust zu arbeiten und rasten sogar auf der Straße.

97

Die Teilnehmer und Teilnehmerinnen versuchen, bei ausgewählten Parolen subversive Fragen zu stellen.

Üben Sie das subversive Fragestellen: Suchen Sie sich Parolen aus und setzen Sie sich mit ihnen nach dem obigen Muster (Probleme, Seltsamkeiten, Abstrusitäten) auseinander. Stellen Sie entsprechende Fragen.

„Subversiv" ist es bestimmt auch, wenn man angesichts der „nach Koblauch stinkenden Türken" und der „klauenden Polen", über die an den Stammtischen räsoniert wird, den Teilnehmenden in Erinnerung ruft, wie bei unseren Nachbarn, den Franzosen, einst (?) über die Deutschen gedacht wurde (M 17).

M 17 Über die Deutschen

„Die Deutschen strömen einen widerlichen Geruch aus, daran besteht kein Zweifel. Über die Natur dieser eigenartigen Ausdünstung ist man sich weniger einig. Viele vergleichen sie mit ranzigem Fett; andere versichern, der Gestank sei derselbe wie in einem Jahrmarktkäfig. Wieder andere fühlen sich an ein Kaninchengehege erinnert, an saures Bier, saure Milch, einen vernachlässigten Hühnerstall oder ein altes Pökelfass." *(George Lenôtre, 1915)*

„Wenn man dem Deutschen nicht die Hände bindet, vergreift er sich instinktiv an fremdem Eigentum." *(Henri de Gourmont, 1918)*

(Zit. nach von Uthmann, Jörg [Hrsg.]: Vorurteile halten warm. Einige bescheidene Vorschläge, der Überfremdung Deutschlands zu wehren, nebst einer praktischen Anleitung für Stammtischgespräche, Hamburg 1995)

Wie Ironie beim Umgang mit plakativen Sprüchen und Positionen aus der Schublade des Ressentiments eingesetzt werden kann, zeigen die Vorschläge, „wie der weiteren Überfremdung des deutschen Volkes Einhalt geboten werden könnte" (M 18), sowie das Flugblatt „Die Katholikenproblem lösen!" (M 19).

„Der weiteren Überfremdung des deutschen Volkes Einhalt gebieten"

- „Verbot von Auslandsreisen. Sie sind geeignet, vorgefasste Meinungen zu erschüttern und den Reisenden auf abwegige Gedanken zu bringen. So entwickeln deutsche Touristen, die aus dem Ausland zurückkehren, häufig Wahnvorstellungen von einem Leben ohne Ladenschlussgesetz.

- Verbot von Fremdsprachen. Wer fremde Sprachen lernt, erliegt leicht der Gefahr, die Freude an den Schönheiten der eigenen – etwa der unbegrenzten Länge deutscher Wörter und Sätze – zu verlieren. Außerdem missachtet er den Willen Gottes, der die Sprachen der Menschen aus triftigem Grund verwirrte.

- Eindeutschung von Fremd- und Lehnwörtern. Die französische Nationalversammlung ist unlängst mit gutem Beispiel vorausgegangen, indem sie die Benutzung englischer Ausdrücke unter Strafe stellte. (Leider hat der Verfassungsgerichtshof das Gesetz auf amtliche Verlautbarungen beschränkt.) Auch in Deutschland fehlt es nicht an einschlägigen Vorarbeiten. Schon Turnvater Jahn regte an, Mumien durch ‚Dörrleichen' und Pistolen durch ‚Meuchelpuffer' zu ersetzen. Der Tübinger Professor Wilhelm Merk ermahnte seine Studenten, die welschen ‚Tabletten' zu meiden und stattdessen kerndeutsche ‚Gesundheitsrundlinge' zu schlucken.

- Eindeutschung ausländischer Namen. Dass sich unser begabtester Humorist einen französischen Künstlernamen zugelegt hat und dazu noch den Namen eines Vogels, für den es auch ein deutsches Wort gibt, lässt auf einen beklagenswerten Mangel an Ehrfurcht vor der einheimischen Fauna schließen. Auch für die hugenottischen Familiennamen lassen sich gewiss deutsche Entsprechungen finden. Oder ist Herrn Lafontaine der Namen ‚Brunnen' nicht gut genug?"

(von Uthmann, a.a.O., S. 13-15)

„Das Katholikenproblem lösen!"

Um es gleich vornweg zu sagen: Wir haben nichts gegen Katholiken. Im Gegenteil, jeder Katholik, der sauber ist und hier seit Jahren Steuern zahlt, ist uns willkommen. Wir wehren uns nur dagegen, dass wir Norddeutschen durch den Zustrom von schwarzen Schafen und ihren bischöflichen Hirten unsere kulturelle Identität verlieren.

Leider ist es den meisten Katholiken aufgrund ihrer fundamentalistischen Einstellung bisher nicht gelungen, ihre naturreligiöse Vorstellung von Sexualität, nach der sexuelle Handlungen nur zum Zwecke der Fortpflanzung ausgeübt werden dürfen, abzulegen. Das führt dazu, dass diese Bevölkerungsgruppe, die wir einst als Gäste in unser Land riefen, sich vermehren wie die Karnickel in der Geest. Sind es nicht jene Katholiken, die durch ihre beharrliche Ablehnung jeder Form von Empfängnisverhütung in erheblichem Umpfang zur Verschärfung von Problemen wie Wohnungsnot und Arbeitslosigkeit beigetragen haben und damit die Stabilität der D-Mark in Gefahr bringen?

Nach Untersuchungen des Landeskriminalamtes Bayern wurde eindeutig nachgewiesen, dass 78,47% aller bayerischen Straftäter Katholiken sind. Allein diese Zahl macht schon deutlich, dass der dramatische Anstieg der Kriminalität in den letzten Jahren nicht unabhängig vom Katholikenproblem betrachtet werden darf. Noch stellen die Katholiken in unserem Norddeutschland eine Minderheit dar, doch allein in der Zeit von 1961 bis 1987 hat sich diese Zahl um mehr als 22% auf 1.570.000 erhöht. Schon das Symbol, das die Katholiken anbeten, das Bildnis eines Gefolterten am Kreuz, ist beredtes Zeugnis einer latenten Gewaltbereitschaft dieser Gruppe. Muss es erst soweit kommen, dass sich keine norddeutsche Frau mehr aus Angst vor Katholiken auf die Straße traut?

Nach wie vor stehen eine Vielzahl der Rituale der Katholiken in eklatantem Widerspruch zum Grundgesetz der Bundesrepublik Deutschland. Hierzu nur zwei Beispiele: Während das Grundgesetz Ehe und Familie unter den besonderen Schutz der Gemeinschaft stellt, verbietet die katholische Kirche ihren Priestern kategorisch die Eheschließung und Familiengründung.

Während nach dem Grundgesetz Männer und Frauen gleichberechtigt sind, ist es Frauen in der katholischen Kirche verboten, Priesterin zu werden. Muss es erst soweit kommen, dass der Erzbischof von Köln die Macht an sich reißt, um das Grundgesetz außer Kraft zu setzen und seinen sogenannten Gottesstaat ohne demokratische Legitimation zu errichten?

Besonders besorgniserregend ist für Fachleute die Tatsache, dass zwischen der Einführung des Bundessozialhilfegesetzes im Jahre 1961 und dem Anstieg der Katholikenzahl in Norddeutschland direkte Zusammenhänge vermutet werden können. Hier ruhen sich Katholiken ganz offensichtlich in der Hängematte unseres Wohlfahrtsstaates aus. Zwar sind wir noch eines der reichsten Länder der Erde, aber wie lange können wir uns diesen Missbrauch durch die Katholiken noch leisten? Bereits jetzt sind die negativen Einflüsse auf die deutsche Wirtschaft erkennbar. Die hohe Anzahl ihrer religiösen Feiertage führt zu Produktionsausfällen in Milliardenhöhe. Dies hat die Konkurrenzfähigkeit zum Beispiel zur japanischen Industrie, in der so gut wie keine Katholiken arbeiten, erheblich beeinträchtigt.

Muss die deutsche Wirtschaft erst völlig am Boden liegen, bis die Katholikenflut eingedämmt wird?

Die Katholiken haben ihren eigenen Staat, eine Heimat, in der sie nicht unterdrückt und verfolgt werden. Wenn sie zu uns kommen, geschieht das in der Regel nur aus wirtschaftlichen Gründen, obwohl der Vatikan das höchste Pro-Kopf-Einkommen der Welt hat. Müssen wir am Ende alle 900 Millionen Katholiken der Erde bei uns aufnehmen?

Nein wir können das Katholikenproblem dieser Welt nicht alleine lösen, und die zunehmende Katholikenfeindlichkeit in Norddeutschland erfordert sofortiges Eingreifen und Handeln.

Wir schlagen deshalb vor:

- Abweisung aller Katholiken an der Grenze Norddeutschlands!
- Sofortige Abschiebung aller kriminellen Katholiken in den Vatikan!
- Erteilung einer befristeten Aufenthaltsgenehmigung nur bei Nachweis eines Arbeitsplatzes!
- Abschaffung des Wahlrechts für Katholiken! Ausweisung aller Katholiken bei Sozialhilfebezug und Arbeitslosigkeit!
- Ausweisung der Katholiken bei verfassungsfeindlichen Aktivitäten!

Das Boot ist voll,

Stoppt die Katholikenflut!

(Aus: Graswurzelrevolution, Okt. 1992; zit. nach: Posselt, Ralf-Erik/Schumacher, Klaus: Projekthandbuch: Gewalt und Rassismus, Mülheim an der Ruhr 1993, S. 258f.)

M 20 Karikaturen

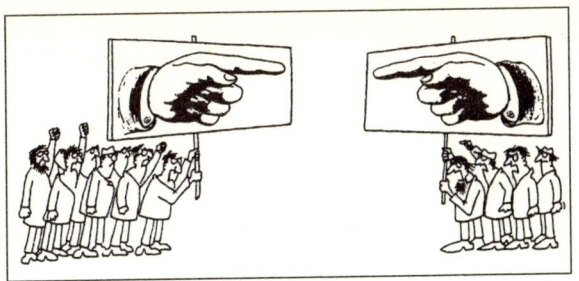

Fragen: Welche der Karikaturen geben Hinweise auf Ursachen von Vorurteilen und welche Lösungsmöglichkeiten sind denkbar?

9. Die wichtigsten Fragen: Wo finde ich was?

- Welche Stammtischparolen gibt es? (Abschnitt 4.1)
- Was ist typisch für sie? (Abschnitt 8.1)
- Wie könnte ein Stammtischgespräch ablaufen? (Abschnitt 4.3)
- Welche Beobachtungen und Analysen können dabei angestellt werden? (Abschnitt 4.4)
- Was kann Stammtischparolen sachlich und inhaltlich entgegnet werden? (Abschnitt 5)
- Welche Rolle spielen Vorurteile? (Abschnitt 6.1)
- Inwieweit sind Aggressionen im Spiel? (Abschnitt 6.2)
- Gibt es einen Zusammehang zwischen autoritäten Einstellungen und dem Propagieren von Stammtischparolen? (Abschnitt 6.3)
- Was kann aus Stammtischparolen folgen? (Abschnitt 7)
- Welches Verhalten ist sinnvoll in der Auseinandersetzung mit Parolen und denjenigen, die sie verkünden? (Abschnitt 8.2 und 8.3)

Die Teilnehmer und Teilnehmerinnen bewerten an Hand dieser Fragen den Nutzen des Trainings.

Beantworten Sie diese Fragen zunächst einmal ohne im Text nachzuschauen; vergleichen Sie danach Ihre Antworten mit den angegebenen Abschnitten.

10. Teilnehmer/innen – Kurzporträts

Wer nimmt mit welchem Interesse an einem Argumentationstraining gegen Stammtischparolen teil? Welche Ziele verfolgen diejenigen, die eine solche Veranstaltung besuchen, und zu welchem Ergebnis kommen sie am Ende? Eine kleine Auswahl von Teilnehmenden gibt Auskunft:

Andrea (28), Versicherungskauffrau, äußerte zu Beginn eines Seminars ihre zwiespältigen Gefühle gegenüber Freunden und Freundinnen, die sie mag, deren Meinungen sie aber ablehnt (in diesem Fall waren es eifrige und harte Befürworter der Todesstrafe). „Aber", so sagte sie, „ich mag sie trotzdem, wie kann ich das nur aushalten?"

Hannah (65) ist Großmutter, hat einen farbigen Schwiegersohn, den sie sehr liebgewonnen hat. Mittlerweile hat sie zwei Enkelkinder, an denen ihr Herz hängt. Die rassistischen Übergriffe, von denen sie in der Zeitung las, machen ihr große Sorgen. Der Grund für ihre Teilnahme am Training war daher, ihre Familie zu schützen. Sie war gleichzeitig die Seniorin der Seminargruppe, was ihren ohnehin hohen Sympathiebonus noch steigerte. Ihre Beiträge wurden allesamt mit großer Zustimmung aufgenommen.

Dirk (31), Heizungsmonteur, wurde von seinem Chef zur Teilnahme „verdonnert". Dieser erhoffte sich, dass Dirk psychologische Kenntnisse erwerben möge, die seinen Umgang mit teilweise schwierigen Kunden verbessern sollten. Das Thema Antirassismus war daher nebensächlich, aber Dirk erwies sich durch seine Alltagskenntnis und eine wachsende Freude an Rollenspielen schnell als entscheidende Stütze der Gruppe.

Am Ende meinte er, viel gelernt zu haben; auch für den eigentlichen Zweck seiner Teilnahme falle dabei einiges ab (der Chef könne zufrieden sein …).

Juan (48), Ingenieur, ehemaliger Kubaner, Schwarzer, der schon schon seit etlichen Jahren in Deutschland lebt. Auch früher, zu DDR-Zeiten, habe er rassistische Anfeindungen erdulden müssen, berichtete er, aber heute seien sie noch direkter und massiver geworden. Dadurch, dass er die Realität in die Seminargruppe hineinbrachte, nahm die Arbeit eine besondere Intensität an. In den Rollenspielen konnte er sehr lebendig die „Gegenseite", die der Rassisten und Ausländerfeinde, darstellen.

Fritz (75) stellte sich als Rentner vor. Bald wurde aber deutlich, dass er Fabrikant gewesen war, der sich mit Seminaren weiterhin geistig fit halten will. Dieses Training hatte er sich wegen der „originellen Lernform" ausgesucht. Im Rollenspiel frappierte der liberale Freigeist, der er ansonsten war, durch eine knallhart dargebotene Partie „Wer arbeitslos ist, ist nur zu faul zu arbeiten".

Jutta (34), Sozialarbeiterin, beschäftigt sich als Streetworkerin mit rechtsextremen Jugendlichen bzw. solchen, die anfällig dafür sind. Das Seminar hatte sie belegt, weil sie ihr professionelles Handlungswissen erweitern wollte. Sie war eine derjenigen, die sich gerne und spontan bei den Rollenspielen meldeten und so mit dazu beitrug, dass an dieser Stelle das Eis brach. Ihre professionellen Kenntnisse waren bei der Beschäftigung mit Argumentationsstrategien von unschätzbarem Wert.

Dieter (47) sagte, dass er Kommunalpolitiker sei. Er wolle nur zuhören und an keinem Spiel teilnehmen. Diese Position hielt er durch; unauffällig saß er mehr oder weniger am Rande des Geschehens und schrieb mit. Im Verlauf des Seminars beteiligte er sich zwar mit dem einen oder anderen Wortbeitrag, blieb aber die meiste Zeit über stumm. Am Ende verabschiedete er sich mit der Aussage, dass er für seine politische Arbeit sehr viel gelernt habe.

Claudia (45), Hausfrau, drückte in der Schlussrunde eines Trainings ihre Zufriedenheit so aus: „In dem Seminar habe ich gelernt, dass es auch dann einen Sinn hat, einen Standpunkt zu vertreten, wenn die Antworten nicht gleich wie aus der Pistole geschossen kommen. Außerdem bin ich froh, erlebt zu haben, dass es auch anderen so geht wie mir. Ich habe mir für die Zukunft vorgenommen, weiterhin meine Meinung zu vertreten, auch wenn ich mit ihr alleine stehe."

Übrigens: In allen Seminaren war niemand dabei, der oder die eine Plattform suchte für eigene populistische oder extreme Meinungen. Bei aller Unterschiedlichkeit der Personen, Erwartungen und Herkünfte wollten alle, die teilnahmen, sich engagieren gegen ein Klima der Aufwiegelei und Gewalt.

11. Das Argumentations- training und die politische Bildung

*Je mehr Bürger mit Zivilcourage ein Land hat,
desto weniger Helden wird es einmal brauchen.*

(Franca Magnani)

Das Argumentationstraining ist für nahezu alle *Be-reiche* der politischen Bildung geeignet: Primär ent-wickelt wurde es für die organisierte und institutionali-sierte Erwachsenenbildung, in diesem Fall für die Volkshochschule. Inzwischen wird es auch in anderen Einrichtungen praktiziert, und es gibt mittlerweile Erfahrungen, die seinen sinnvollen Einsatz in der poli-tischen Jugendbildung belegen. Ob es für die Schulen in Frage kommt, hängt von den organisatorischen Rahmenbedingen und der zeitlichen Flexibilität der betreffenden Schule ab. Denn das Argumentationstrai-ning entfaltet seine Wirkung nur in einer kompakten Zeiteinheit. Schließlich kann ein Argumentations-training von selbstinitiierten Gruppen durchgeführt werden. Letztendlich kann auch individuell gelernt und geübt werden, wie der vorliegende Band belegen will.

Das Argumentationstraining verfolgt zentrale *Ziele* politischer Bildung und berücksichtigt die wesentli-chen *didaktischen Standards.* Es ist einmal teilnehmer-orientiert, weil nur die Gruppe Themen, Diskussions-verlauf und Ziele bestimmt. Der Leiter/die Leiterin hat eine moderierende Funktion und stellt darüber hinaus Materialien zur Verfügung. Ansonsten ist der Gruppen-prozess, sind die Entscheidungen der Teilnehmenden die bestimmenden Größen für das Training. Das Argu-mentationstraining ist eine Art Werkstatt, das Gelernte und Erfahrene soll im Alltag eingesetzt werden. Mit der Hoffung verbunden, dass die am Training Teilnehmenden in zahlreichen Segmenten des täglichen Lebens couragiert und engagiert Position ergreifen, ist das Argumentationstraining handlungsorientiert. Seine Ziele sind die Emanzipation der Teilnehmenden aus für sie repressiven und angstbesetzten Situationen sowie die Demokratisierung der Gesellschaft und Kultivierung der politischen Debatten. Das Argumentationstraining ergreift entschieden Partei für Aufklärung, Toleranz und Humanität; es wendet sich dezidiert gegen Rassismus, Rechtsextremismus und politische Anomie. Trotz dieser eindeutigen Positionsnahme ist die Beachtung des Überwältigungsverbots nach dem Beutelsbacher Konsens ein originäres Merkmal des Trainings. Keiner, der an diesem Angebot teilnimmt, wird durch eine autoritär vorgegebene Meinung fremdbestimmt. Im Gegenteil: Die Deutungsmuster der im Training versammelten Menschen werden miteinander und mit denen, die sie von „außen" mitbrachten, ausgetauscht. Die kommunikative Kompetenz – eine Schlüsselqualifikation in einer hochkomplexem Informations- und Mediengesellschaft – wird verbessert. Die politische Idee hinter dem Argumentationstraining ist die sich diskursiv auf humane Ziele verständigende Bürger- und Zivilgesellschaft.

Veranstaltungen wie das Argumentationstraining können dazu beitragen, die *Misere der politischen Bildung* abzubauen. Denn hier präsentiert sich politische Bildung nicht in einem bestimmten Habitus, der ihr oft (und häufig falsch) unterstellt wird. Sie ist weder missionarisch, noch kommt sie mit der Attitüde der besseren Weltsicht daher, sie zeigt sich nicht bierernst und staubtrocken. Das Argumentationstraining gegen Stammtischparolen macht vielmehr Spaß, es bietet Raum für die Entfaltung kreativer Potenziale und kommt Wünschen nach spielerischer Auseinandersetzung mit der Realität entgegen. Die hier stattfindende Form politischer Bildung berücksichtigt die Gefühlslage der teilnehmenden Menschen, ohne auf rationale Aufklärung zu verzichten. Bei diesem Training wird keine „politisch korrekte" Botschaft verkündet, kein mit akademischen Ritualen durchzogenes Referat verlesen – dennoch geht es um eine Verbesserung der politischen Moral und um die Suche nach sachlichen Informationen. Eine besondere Attraktivität liegt in der Verwertbarkeit des Gelernten und Erlebten: im Zuwachs an Menschenkenntnis und in der Schulung der Rhetorik. Hier kann politische Bildung partizipieren an den stark nachgefragten Psychologie- und Rhetorikthemen. Die Erfahrung hat gezeigt, dass auf diese Art und Weise Teilnehmer und Teilnehmerinnen angesprochen werden könnnen, die ansonsten keine Veranstaltungen der politischen Bildung besuchen.

Der „*Stammtisch*" ist als ein zentraler Ort der Bildungsarbeit gegen Rechtsextremismus, Fremdenfeindlichkeit, Ressentiments und dumpfe Vorurteile erkannt worden: „Wenn die Umschlagplätze von Ungleichheitsideologien und Gewaltakzeptanz die Stammtische bilden, muss Erwachsenenbildung so etwas wie ‚Stammtisch-Pädagogik' betreiben" (Möller). Die Stammtische werden in die Bildungsarbeit hineingeholt, die dort geäußerten Parolen werden zum Gegenstand der Betrachtung und der gemeinsamen Beratung und Aufklärung. Wenn die Teilnehmenden die Seminargruppen verlassen, sollen sie aber keinesfalls die Stammtische meiden, sondern vielmehr dort selbstbewusster Position beziehen – so wie es sich einer vorstellt, der an verantwortlicher Stelle in der antirassistischen Arbeit steht: „Ich wünsche mir, dass sich die Leute am Stammtisch immer mehr empören, wenn die Würde des Menschen mit Füßen getreten wird" (Hülsemann). Genau das ist eine der wesentlichen Begründungen für die verstärkte Aufnahme von Argumentationstrainings gegen Stammtischparolen in die Angebote der politischen Bildung.

Literatur

Hülsemann, Wolfgang: „Kein Anlass zur Entwarnung", Interview in der Frankfurter Rundschau v. 28.7.99, S. 4

Möller, Kurt: Neue Gewalt gegen Fremde – Erwachsenenbildung in Zugzwang, in: eb – berichte & informationen der erwachsenenbildung in niedersachsen, Heft 1/93, S. 9

12. Literatur-
empfehlungen (A)

Die Durchführung und Betreuung eines Argumentationstrainings gegen Stammtischparolen erfordert zwar Zurücknahme in der Leitertätigkeit, gleichzeitig aber auch sachliche und wissenschaftliche Kompetenz bei den zur Diskussion stehenden Themenzusammenhängen. Manchmal muss eine Frage geklärt, eine Information gegeben werden, und zwar mit genauem Hinweis auf die Quellen. Außerdem erwarten die Teilnehmerinnen und Teilnehmer auch Empfehlungen von „einschlägigem", weiterführendem und in ihren alltäglichen Auseinandersetzungen sinnvollem Material. Die folgenden Kurzanzeigen von wichtigen Büchern und Materialien sollen darauf hinweisen, wo sich Leiter und Leiterinnen der Trainings in der Sache absichern und die Teilnehmer und Teilnehmerinnen bei ihrer weiteren Beschäftigung mit den Themen fündig werden können.

Die nachstehenden Bücher sind auch für Selbstlernende geeignet; die Sachkenntnisse bei der Auseinandersetzung mit Parolen können so erweitert und vertieft werden.

Ahlheim, Klaus / Heger, Bardo: Vorurteile und Fremdenfeindlichkeit. Handreichungen für die politische Bildung. Schwalbach/Ts. (Wochenschau Verlag) 1998, 322 Seiten

„Vorurteile beherrschen unser alltägliches Leben", schreiben die Autoren zu Beginn ihres bescheiden „Handreichungen für die politische Bildung" genannten Buches. Dabei handelt es sich um eine hervorragende Materialiensammlung zum Thema sowie eine höchst inspirierende didaktische Aufbereitung des Lernfeldes „Vorurteile". Wie diese entstehen, wie sie wirken, wie sie erkannt und im Bildungsprozess thematisiert und reflektiert werden können, erklärt dieser Band. Er kann als Leitfaden für die Seminararbeit genutzt, aber auch privat als Lektüre zu Rate gezogen, auf jeden

Fall immer als ein außergewöhnliches, erkenntniserweiterndes Grundlagenwerk der Sozialpsychologie und ihrer Implikationen für die politische Bildung gelesen werden. Das Buch ist in fünf Lerneinheiten gegliedert: 1. Die Natur des Vorurteils, 2. Ein Vorurteil kommt selten (von) allein, 3. Vorurteile und (Medien-)Öffentlichkeit, 4. Vorurteile und Fremdenfeindlichkeit in der Mitte der Gesellschaft, 5. Fremdenfeindlichkeit und Antisemitismus ganz rechts außen. Geboten werden jeweils solides Hintergrundwissen, Material für die didaktisch-methodische Bearbeitung des Themas sowie Grundlagentexte.

Ahlheim, Klaus / Heger, Bardo: Der unbequeme Fremde. Fremdenfeindlichkeit in Deutschland – empirische Befunde. Schwalbach/Ts. (Wochenschau Verlag), 1999, 118 Seiten

Diese Studie wertet umfassende Daten über „Einstellungen zu ethnischen Minderheiten in Deutschland" mit „pädagogischem Blick" aus. Dabei wird das Ausmaß der Fremdenfeindlichkeit in Ost und West festgestellt und deren Verbreitung in verschiedenen Altersgruppen, unter Männern und Frauen und unter Angehörigen der Parteien untersucht. Der Schluss aus diesen Daten: „Fremdenfeindlichkeit in Deutschland ist (...) kein Problem allein am rechten Rand." Und: „Die ‚Partei der Fremdenfeinde' ist gewissermaßen eine Volkspartei." Eingegangen wird auf das Verhältnis von Vorurteilsbereitschaft und Fremdenfeindlichkeit sowie auf den Zusammenhang mit Arbeitsplatzproblemen. Schließlich wird danach gefragt, welche Rolle Familie und Schule beim Aufkommen fremdenfeindlicher Einstellungen spielen. Eines der zahlreichen Ergebnisse ist die Bedeutung von politischer Informiertheit. Diese „kann helfen, fremdenfeindlichen Vorurteilen nicht allzu schnell auf den Leim zu gehen."

Benz, Wolfgang (Hrsg.): Legenden, Lügen, Vorurteile. Ein Wörterbuch zur Zeitgeschichte, 8. Aufl., München (Deutscher Taschenbuch Verlag) 1996 (Neuauflage 1998), 242 Seiten

Legenden zur Verharmlosung des Nationalsozialismus – beispielsweise: die Zahl der jüdischen Opfer des Nationalsozialismus sei keineswegs so hoch gewesen, wie bisher angenommen; in Auschwitz sei niemand vergast worden; oder: die Nationalsozialisten hätten die Arbeitslosigkeit beseitigt etc. – sind der Boden, auf dem der Rechtsextremismus gedeiht. Diesem Schwindel, der den Nationalsozialismus mythologisiert, tritt dieser Band entgegen. Behandelt werden aber auch Legenden aus der Geschichte nach

1945, z.B. die des Morgenthau-Plans. Ihnen werden solide, wissenschaftlich abgesicherte Informationen und Fakten entgegengestellt. „Dieses Wörterbuch will in 91 Artikeln zu den wichtigsten Schlagworten und Begriffen wissenschaftliche Erkenntnisse umsetzen in Informationen zum Gebrauch in der Diskussion, ob in politischem Streit, ob am Stammtisch oder in der Familie. Absicht war es, allen denen Argumente und Beweise an die Hand zu geben, die – in der Schule, am Arbeitsplatz, in der politischen Bildungsarbeit, in der Öffentlichkeit – mit Legenden, Lügen und Vorurteilen konfrontiert werden und darauf kompetent und sachlich reagieren müssen." (Wolfgang Benz)

Broszat, Martin / Frei, Norbert (Hrsg.): Das Dritte Reich im Überblick. Chronik – Ereignisse – Zusammenhänge, 6. durchgesehene und aktualisiert Auflage. München (Piper Verlag) 1999, 335 Seiten

Dieser Band bietet zunächst mit zwölf Essays einen klaren und informativen Einblick in Phasen (Aufstieg der NSDAP, Machtübernahme, Herrschaftskonsolidierung, Krieg) und Aspekte sowie Teilbereiche des „Dritten Reiches" (z.B. Partei, Gegner, Juden, Besatzungspolitik). Dazu enthält das Buch eine über 100 Seiten starke, detaillierte und reich mit Statistiken, Schaubildern sowie prägnanten Erklärungen gespickte Chronik. Durch eine konzentrierte Literaturauswahl und ein ergiebiges Personen- und Sachregister ist diese Schrift der beiden renommierten Historiker Handbuch und Standardwerk geworden.

Nolting, Hans-Peter: Lernfall Aggression. Wie sie entsteht – wie sie zu vermindern ist. Ein Überblick mit Praxisschwerpunkt Alltag und Erziehung. Reinbek b. Hamburg (Rowohlt Verlag) 1998 (vollständige überarbeitete Neuausgabe), 352 Seiten

Dieses erstmals 1978 erschienene, stets aktualisierte und nun überarbeitete Taschenbuch ist mittlerweile zu einer vielfach bewährten Informationsquelle und Anleitung zu einem friedlicheren Alltagsumgang geworden – kein Wunder, führt es doch eingehend und handlungsorientiert in die Psychologie der Aggression ein. In 16 Kapiteln wird Aggression definiert und erklärt, darüber hinaus wird vorgeschlagen, wie sie vermindert werden kann. Der lernpsychologische Ansatz wird favorisiert (wobei die anderen Aggressionstheorien fair und sachlich dargestellt werden). Der Verfasser sieht daher Wege und Möglichkeiten, aggressives Verhalten zu zähmen und alternative Bewältigungsformen neu zu lernen. Mit alltagsnahen Praxisfeldern und einer Vielzahl von Beispielen und Anknüpfungspunkten wird dieser Ansatz überzeugend und anregend dargestellt.

Nuscheler, Franz: Lern- und Arbeitsbuch Entwicklungspolitik.
4. völlig neu bearbeitete Auflage, Bonn (Dietz Verlag) 1995
(weitere Auflage 1996), 560 Seiten

1985 zum ersten Mal veröffentlicht, ist dieses eines der am meisten genutzten und verbreiteten Bücher der politischen Bildung; mittlerweile sind 120.000 Exemplare verkauft worden – eine in diesem Bereich fast schon unglaubliche Zahl. Kein Wunder: die Fülle an Informationen aus dem internationalen und entwicklungspolitischen Bereich ist imposant, die Parteinahme des Verfassers für die weltweite Durchsetzung der Menschenrechte rüttelt auf, und schließlich ist das Buch einfach spannend zu lesen. Orientiert an seiner „Provokationsdidaktik" will es „Grundwissen vermitteln und zugleich durch kritisches Nachfragen Diskussionen anregen; es will auch jenen eine Einführung in die Entwicklungspolitik geben, die vor wissenschaftlichen Kompendien zurückschrecken; und es will für Entwicklungspolitik werben – gerade in der kritischen Auseinandersetzung mit ihren Worten und Taten, Absichtserklärungen, Rechtfertigungen und Leistungen." Dieser eigene Anspruch ist rundherum gelungen. Mit seiner immensen Kenntnis erklärt der Verfasser die wichtigsten entwicklungspolitischen Begriffe, reichert seine Darstellungen mit zahlreichen Schaubildern und Statistiken an und verweist auf einschlägige Dokumente und weiterführende Literatur. Es gibt 22 Kapitel, die in fünf große Teile gegliedert sind: I. Das Nord-Süd-Problem in der „neuen Weltordnung", II. Armut – Unterentwicklung – Entwicklung, III. Zentrale Welt- und Entwicklungsprobleme, IV. Entwicklungspolitik: Interessen – Organisationen – Instrumente – Wirkungen, V. Multilaterale, multinationale und private Akteure.

Posselt, Ralf-Erik / Schumacher, Klaus: Projekthandbuch: Gewalt und Rassismus, Mülheim (Verlag an der Ruhr) 1993, 252 Seiten

Dieses Buch ist eine Fundgrube für alle, die sich für Toleranz und Demokratie und gegen Gewalt und Rassismus praktisch einsetzen wollen. Es ist entstanden aus der Zusammenarbeit einer Reihe von Organisationen und Einrichtungen (Aktion Sühnezeichen, AG SOS-Rassismus, Ämter für Jugendarbeit der Evangelischen Kirche,

Deutsche Postgewerkschaft, IG Metall, Landesjugendring NRW, Landesschülerrat Brandenburg). Im Buch enthalten sind zahlreiche Beispiele für antirassistische Arbeit in Initiativen, Schulen, Bildungseinrichtungen, Betrieben und Kirchen. Es ist ein Nachschlagewerk, das eine Fülle an Dokumenten zum Thema sowie an Vorschlägen für pädagogische Praxis und politische Projekte enthält. Aber auch grundsätzliche inhaltliche Klärung von Begriffen wird geleistet, indem z.B. Rechtsextremismus, Rassismus, Gewalt, Sexismus u.a. definiert und analysiert werden. Der Band wurde mit dem Gustav-Heinemann-Friedenspreis 1994 für Kinder- und Jugendbücher prämiiert.

Schleichert, Hubert: Wie man mit Fundamentalisten diskutiert, ohne den Verstand zu verlieren. Anleitung zum subversiven Denken, München (Verlag C. H. Beck) 1997, 197 Seiten

Um einem möglichen und nahe liegenden Missverständnis vorzubeugen, sei darauf hingewiesen, dass es diesem Buch nicht darauf ankommt, praktische „Rezepte" zum erfolgreichen Argumentieren anzubieten. Es ist ein philosophisches Werk, das äußerst geistvoll einmal die Logik einer korrekten Argumentation beschreibt und zum anderen den „Non-Standard- oder Fundamentalfall einer Argumentation" kennzeichnet. Dieser liegt vor, wenn es z.B. „um fundamentale Werturteile, Glaubenssätze, Prinzipien" geht und für diese geworben wird. Eine Auseinandersetzung mit Ideologien ist zwar „logisch gesehen ausweglos", aber – so die Position Schleicherts – die Vernunft ist „noch lange nicht am Ende". Für sie plädiert er ebenso entschieden, wie er dafür eintritt, „Ideologien, Religionen, Schwärmereien, Visionen, Dogmen, Doktrinen, Glaube und Aberglauben, Orthodoxien, Häresien und was es dergleichen noch alles geben mag", zu attackieren, wenn sie „zur Verletzung der Menschenrechte anleiten oder dieselbe verharmlosen". Als mögliche und Erfolg versprechende Strategien schlägt der Autor „subversives Argumentieren" und „subversives Lachen" vor.

Tiedemann, Markus: „In Auschwitz wurde niemand vergast...". 60 rechtsradikale Lügen und wie man sie widerlegt. Mülheim (Verlag an der Ruhr) 1996, 184 Seiten

Von Lüge 1 („Hitler wusste nichts vom Holocaust") bis zu Lüge 60 („Die deutsche Bevölkerung wusste nichts von der grausamen Kriegsführung der Nationalsozialisten") reicht das Spektrum dieses im wahren Sinne des Wortes aufklärerischen Buches. Die 60 Lügen sind in neun größere Kapitel und Zusammenhänge gegliedert: Person Hitlers, NSDAP, Wehrmacht, Kriegsgegner, Euthanasie, Holocaust, erfundenes Beweismatrial, professioneller Revisionismus, deutsche Bevölkerung. Sie werden mit Darstellungen des Autors sowie der Wiedergabe von Fakten – Bildern, Dokumenten aus dem behördlichen Schriftverkehr, Zeitzeugenberichten, Briefen etc. – präzise und plausibel widerlegt. Der Band wurde 1998 zum Preisträger „Das Politische Buch", verliehen von der Arbeitsgemeinschaft der Verleger, Buchhändler und Bibliothekare sowie der Friedrich-Ebert-Stiftung.

Wochenschau für politische Erziehung, Sozial- und Gemeinschaftskunde, Schwalbach/Ts. (Wochenschau Verlag)

So alt wie die Bundesrepublik ist die Zeitschrift Wochenschau – ein Klassiker der politischen Bildung. Sie erscheint in zwei Ausgaben für die Bereiche der Sekundarstufe I und II. In jedem der jeweils fünf Hefte eines Jahrgangs (eines davon ist ein Doppelheft) mit einem Umfang von 40–48 Seiten (72 Seiten beim Doppelheft) wird ein Thema mit Quellen- und Sekundärmaterial umfassend präsentiert und mit Hinweisen und Arbeitsaufgaben didaktisch erschlossen. Die Hefte eignen sich auch sehr für den Einsatz in der politischen Jugend- und Erwachsenenbildung sowie für das Selbstlernen.

Aktuelle Themen aus dem Bereich der *Sekundarstufe I* sind z.B.: Aggression, Arbeitslosigkeit, Armut im Wohlstand, Eine Welt für alle, Flüchtlinge, Frauenrollen – Männerrollen, Fremde als Nachbarn, Globale Probleme, Gruppen – Minderheiten – Vorurteile, Jugend macht Politik, Menschenrechte, An den Rand gedrängt? Behinderte – Obdachlose – Sinti/Roma, Thementag Menschenrechte, Thementag Nord- Süd, Zivilcourage.

Für die *Sekundarstufe II* liegen u.a. Hefte vor zu den Themen Antisemitismus/Rassismus, Arbeitsmarktpolitik, Armut – Reichtum, Deutschland von rechts, Entwicklungspolitik, Jugend im Dritten Reich, Menschenrechte, Multikulturelle Gesellschaft, Nationalsozialismus, Neue soziale Frage, Politikverdrossenheit, Thementag Menschenrechte, Thementag Nord-Süd, Verschuldung von Entwicklungsländern.

Lösungen von S. 57:

1 = Generalbundesanwalt, 2 = Oberstaatsanwalt, 3 = wegen Wissenschaftsbetrugs angeklagter Professor, 4 = Spion

WOCHEN SCHAU VERLAG

... ein Begriff für politische Bildung

Wochenschau
Themenheft

Wochenschau-Sonderheft, Sek. I + II

Extrem rechts in Deutschland

Ein Thema für Schüler?

Rechtsextremismus hat viele Facetten: Neue Trends – das Internet • Jugendszene • Rechtsextreme Symbolik • „National befreite Zonen" • Neonazistische Kameradschaften und Netzwerke, internationale Verbindungen, rechtsextreme Parteien und Wählerpotenzial

Wurzeln des Rechtsextremismus

Strategien gegen Rechtsextremismus: politische Reaktionen • Verbotsverfahren und Reaktionen der Justiz • Reaktionen auf Rechtsextremismus im Alltag

Best.-Nr. 02s, 72 S., € 14,80

Wochenschau-Themenheft, Sek. II

Populismus

Angst vor Populisten als problemorientierter Einstieg • Populistische Äußerungen von Politikern • Angebliche Populismen • Definitionen

Formen des „Populismus": Merkmale, Ziele und Mittel • Anhänger und Wähler • Exkurs: Venezuela

Populismus historisch: Populismus und Demokratie • Alles populistisch ? • Populismus in der Medienlandschaft • Populismus: Eine Gefahr für die Demokratie • Gegenstrategien

Best.-Nr. 2105, 40 S., € 8,80

www.wochenschau-verlag.de

Adolf-Damaschke-Str. 10, 65824 Schwalbach/Ts., Tel.: 06196/86065, Fax: 06196/86060

WOCHEN SCHAU VERLAG
... ein Begriff für politische Bildung

Thema: Zivilcourage

Christina Zitzmann

Alltagshelden

Aktiv gegen Gewalt und Mobbing – für mehr Zivilcourage

Das große Praxishandbuch befasst sich mit der Frage, wie zivilcouragiertes Verhalten bei Jugendlichen gefördert werden kann. Alle Vorschläge sind ausgiebig erprobt und sorgfältig bewertet. Mit allem, was man braucht: viele Kopiervorlagen und Arbeitsmaterialien, die direkt einsetzbar sind, das Ganze im DIN A 4-Format.

Kern des Buches sind die Seminarkonzepte, die direkt einsetzbar sind: Kommunikation, Kooperation und Konflikt • Vorurteile • Klassenklima und Mobbing • Zivilcourage • Rhetorik- und Argumentationstraining Zivilcourage

Alle Seminare bieten eine Einführung mit Erläuterungen, Zielen, inhaltlichem Ablauf inklusive Ablaufplan und benötigtem Material. Darüber hinaus gibt es zu jeder Übung Checklisten, in denen die Ziele, Akteure, die Durchführung und Auswertung, Zeit- und Materialbedarf beschrieben werden. Ergänzt wird das Ganze durch methodische Handreichungen und Kopiervorlagen.

3-89974113-7, 2004, 240 S., € 24,80

„Der Band wird zu einer Gewinn bringenden Lektüre und bietet reichhaltige Anregungen für das praktische Handeln und die Umsetzung der vorgestellten Seminarmodelle.“
(ERZIEHUNG UND WISSENSCHAFT, ZEITSCHRIFT DER BILDUNGSGEWERKSCHAFT GEW)

„Es bietet allen, die in Schule und Jugendarbeit mit Gewalt und Mobbing konfrontiert werden, eine wissenschaftliche Grundlage, reichhaltige Materialien und viele Anregungen für die eigene Praxis.“
(KURZINFO, LANDESJUGENDRING BADEN-WÜRTTEMBERG)

www.wochenschau-verlag.de

Adolf-Damaschke-Str. 10, 65824 Schwalbach/Ts., Tel.: 06196 / 86065, Fax: 06196 / 86060